水田の小言を熟読するほど
一生ものの自炊力が身につく
いちいちうるさい定番レシピ

水田信二

はじめに

　性格が細かいとよく言われる。細やかとは言われない。つまり悪い意味で細かいと言われている。確かに、服を売ってるお店の中にコーヒースタンドがあったりすると「目に見えないくらいの繊維が舞いに舞ってる場所で飲食業もするの?」と気になったり、唐揚げの味つけを10種類から選べるお店を目にすると「この唐揚げにはこの味つけがおいしいっていう味を店側が見つけられてないの?」とか、聞いた人が顔をしかめるようなことをたくさん考えてしまう。

　だから料理本やレシピサイトを見ていても、「しょうゆは濃口?　薄口?」とか「玉ねぎ中1個?　中ってどのくらいかみんな分かるんかな?」とか「一口大って人によるけど、このレシピではどのくらいを指してる?　著者がすごい口の大きい人だったりしない?」とか「塩なんて分量失敗したら取り返しつかんのに、適量ってどういうこと?　初心者は分からんくない?」などと、小言

が溢れてくる。時短レシピや手抜きレシピが喜ばれるのはもちろん分かるが、僕は細かく説明しないと気がすまない。しかも意外だったのが、料理本を読んで料理をする人の中には、書かれてる時間や分量をちゃんとはからない人も多いらしい。ある程度料理ができる人に向けて省略された説明を読んで、作るときにさらに省略したら、失敗するのは当たり前だ。

　この本では、普通なら省かれるような説明や段取りも、どういう理由でその工程があるのかも極力説明している。料理ができる人にとっても、できない人にとっても、非常にうるさい内容になっている。その内容をしっかり読み込んで、まずは忠実に、繰り返し作ってほしい。そうすれば意味を理解した上で覚えられる。すると他の料理本を読んだときも、書かれてない細かなことが分かるので失敗しない。もう小言だらけのこの本を読まなくてすむようになる。

水田信二

P116 コロッケ

もくじ

はじめに 2

料理をする前に、料理をするときに

料理の基本

作る前に／作り始めたら／でき上がったら 8

本書の火加減 9

調理道具

基本の調理道具 10

あると便利な調理道具 12

包丁の使い方＆切り方 13

材料の切り方 14

調味料

基本の調味料 16

あるともっとおいしい調味料 18

はかる 20

本書の読み方 22

レシピ

ごはん

牛肉のしょうゆ焼き丼 24

ごはんの炊き方 26

ごはんでもう一品　レモン炒飯 28

ごはんでもう一品　だけ丼 30

汁物

じゃがいもと玉ねぎとわかめの味噌汁 32

昆布とかつおの合わせだし 34

汁物でもう一品　豚汁 36

汁物でもう一品　きのこと豚肉のサンラータン風スープ 38

ミートソース

ミートソース 40

ミートソースパスタ 45

ミートソースでもう一品　ミートソースごはん 46

ミートソースでもう一品　なすのミートソースグラタン風 48

キャベツ

回鍋肉 54

キャベツでもう一品　キャベツがもりもりすすむ
カリカリベーコンのマスタードサラダ 58

キャベツでもう一品　和風ミネストローネ 60

厚揚げ

厚揚げの炒め物 ……………………………………………… 62
厚揚げでもう一品 **厚揚げとなすの南蛮漬け** …………… 66
厚揚げでもう一品 **厚揚げ焼き** ………………………… 67

玉ねぎとにんじん

肉じゃが ……………………………………………………… 70
玉ねぎとにんじんでもう一品 **キーマカレー** …………… 76
玉ねぎとにんじんでもう一品 **プルコギ風の炒め物** …… 78

卵

だし巻き卵 …………………………………………………… 80
卵でもう一品 **ゆで卵** …………………………………… 82
卵でもう一品 **オムライス** ……………………………… 84
卵でもう一品 **卵とトマトの炒め物** …………………… 86

釜揚げしらす

釜揚げしらすのペペロンチーノ …………………………… 88
釜揚げしらすでもう一品 **しらすのだしを味わう茶碗蒸し** … 92
釜揚げしらすでもう一品 **しらすのせ冷奴** …………… 94

魚

魚の煮付け …………………………………………………… 96
魚でもう一品 **ごはんがすすむ鮭のソテー** ………… 100
魚でもう一品 **白身魚の中華蒸し** …………………… 102

肉

牛ステーキ ………………………………………………… 106
肉でもう一品 **豚のしょうが焼き** …………………… 110
肉でもう一品 **鶏のフリカッセ** ……………………… 112

揚げ物

コロッケ …………………………………………………… 116
揚げ物でもう一品 **れんこんの唐揚げ** ……………… 122
揚げ物でもう一品 **さば水煮缶とポテトチップスの春巻き** … 123

便利な食材と保存のコツ ………………………………… 124

おわりに …………………………………………………… 126

使い方アイデア

余ったレモン …………………… 29
カレー粉 ………………………… 77
生クリーム …………………… 113

水田のもっと言わせて！

油にこだわる …………………… 19
白だしを知らなかった ………… 52
10年物のペティナイフ ………… 68
お買い物の作法 ……………… 104
できたてには、かなわない …… 114

料理の基本

熱々を、おいしく食べるためにも。身の安全を守るためにも。料理をするときに、気をつけてほしいことと心がけてほしいことがある。もちろん、最初から全て完璧にできなくてもいい。まずは「やろう」という気持ちが大切。この本が役に立つかどうかは本当にこの気持ち次第だ。

作る前に

使いやすい台所にする

調味料や調理道具は、パッと取りやすい場所にしまっておくこと。うつわもサッと出せるといい。「よっこいしょ」の数が増えると、料理すること自体が億劫になってしまう。使いやすい台所にすることは、毎日の料理作りにとって、とても大切。

台所のどこに何があるかを把握しておく

炒め物を炒めている最中、しょうゆで味つけしたいが見つからない……とウロウロしていたら、その間に炒めすぎてしまう。作っている最中にバタつかないよう、使う物の場所は把握しておくこと。不安なら、使う物を全部出して並べておいてもいい。

台所を片づけて調理スペースを作る

調理スペースは「まな板+α」ぐらいあるといい。どうしてもそのスペースがなければ、テーブルを調理スペースにするのも手。また、流しに渡すタイプの「食器の水切りボード」も、あまり重い物を置かなければ調理スペースを広げるのに活躍する。

作り方をよく読む

これは段取りを頭に入れるために、料理をする前に行う。料理中に本を触って確認する回数が減れば、その分、手を洗う回数も減るし、作るときも動作がスムーズになる。結果、炒めすぎや焼きすぎといった失敗が起こりにくい。

身支度をする

爪を切る、髪の毛が落ちないようにする、手を洗う、袖はまくる（内側にまくるとずり落ちてこない）など、必ず身支度をすること。エプロンは、服を汚したくないならすればいい。毛がよく出てくるニットや、外から帰ってきたままの服では作らないこと。

盛りつけるうつわを出しておく

使ううつわは出しておくか、でき上がったらすぐに出せる場所にしまっておくこと。調理スペースがあまりなければ、作っている最中のちょっとした待ち時間に「今日はどの皿を使おう？」と考えておいてもいい。熱々を食べるためにもうつわで迷わないこと。

計量スプーンを置いておくか調味料を合わせておく

レシピにもよるが、調味料を都度はかりながら作る場合は、計量スプーンを置く基地（小皿でも何でもいい）を用意しよう。複数の調味料を同時に入れる工程がある場合は、小さなうつわやボウルに合わせておくと、味つけでバタつかない。

手を拭く物を用意する

エプロンをしていても、汚れた手を拭く物を用意しよう。手を洗うほどでもないが、そのまま作業するわけにはいかないくらいの汚れ方がある。水田は、手、まな板、その他の調理スペースと分けて、繰り返し使える「クロスキッチンペーパー」を愛用している。

作り始めたら

火加減に注意して、鍋やフライパンから目を離さない

特に煮込み料理など、長時間、火にかける場合は油断しないこと。焦げすぎると、それはただの苦味になるし、何より危ない。調理するときは、炎の大きさだけでなく、鍋やフライパンの中の状態も常に見ること。

本書の火加減 この本では、火加減を「火力1〜10」と、数字で表している。これは、ガスなのかIHなのか。またメーカーや家庭によっても微妙に変わるので、試してみて「これが我が家の火力8」などと、それぞれの火加減を見つけてほしい。

火力1〜3
（とろ火〜弱火）

「弱火」とは、炎の先が鍋底に触れていない状態。「とろ火」は弱火よりさらに弱く、火が消えないギリギリの小さい炎をいうことが多い。つまり火力1は「とろ火」、火力2〜3は「弱火」。

火力4〜6
（中火）

「中火」とは、炎の先が鍋底に触れている状態をいう。IHならちょうど中間ぐらい。フライパンを温める、煮物の具材や肉や魚の中心まで火を通す、揚げ物をするときに火力4〜6で調整する。

火力7〜10
（強火）

「強火」とは、炎が鍋底をなめている（炎が鍋底にそって広がっている）状態。ただし鍋から炎がはみ出るのは強すぎるので、火加減を弱めること。炒め物は火力8〜10でサッと炒めるのがコツ。

でき上がったら

でき上がったらすぐ食べる

最高の状態で味わうためにもできたてを食べよう。理想は、使った調理道具をほぼ洗い終えて食べ始めること。そのためにも、料理中のちょっとしたあき時間で台所を片づける。もしできなければ、フライパンや鍋にお湯や水を張っておくだけでもいい。食後の負担が軽くなるし、気持ちいい。

調理道具

基本の調理道具

あると便利な調理道具

包丁の使い方&切り方

材料の切り方

フッ素樹脂加工で直径18〜22㎝の深めの片手鍋（蓋つき）

気軽に扱える片手鍋。直径18〜22㎝は、ちょっと卵をゆでたり、2〜3杯分の汁物を作ったり、湯を沸かしたりと便利。蓋に蒸気穴がなければごはんも炊ける。フッ素樹脂加工なら焦げつきにくく、炒め物にも使える。

研ぎ直しができる三徳包丁とペティナイフ

包丁は切れ味が肝心。だからまず一本買うなら、研ぎ直しができる4000〜5000円の三徳包丁を。ペティナイフは狭い作業スペースで、サッと切るのに活躍する。水田は『有次』の三徳包丁と、調理師学校時代からのペティナイフを大切に使っている。

フッ素樹脂加工で直径24〜26㎝のフライパン（蓋つき）

水田は『MEYER（マイヤー）』の深型26㎝、ガラス蓋つきを愛用中。深型は、煮込み料理やスープ作り、パスタもゆでられて、マルチで便利。鍋かフライパン、まずどちらか一つ買うなら深型のフライパンがおすすめ。

おたま

一般的な、ステンレス製のおたまでいい。ただ、フッ素樹脂加工の鍋やフライパンには傷をつけてしまうので、シリコン製だと安心。水田は以前使っていた『レミパン』についてきたおたまを愛用している。

計量スプーン

大さじ小さじが別々か、1本で両方ついた物がおすすめ。メーカーの人には悪いが、大さじ小さじがジャラジャラくっついた物は避けた方がいい。使わなくても全部出して、しかも洗う必要があるので大変だから。

基本の調理道具

最初に買うなら、この10アイテム。といっても最初から全部なくていいし、全く同じでなくてもいい。必要に応じて納得した道具を買おう。水田は予算を決めて、使いやすいか、長持ちするかも見る。使いやすいと手に取りたくなるし、手に取る回数が多いと使い慣れ、料理もどんどんしやすくなるから。そして、長く使うと愛着が湧くし、愛着のある道具で料理するのは楽しい！　自分だけの道具をそろえよう。

ある程度厚みのある滑りにくいまな板とヒノキのまな板

薄いと切りにくいので、厚みのある物を。また、肉と魚用、野菜用で、2枚そろえよう。難しければ、表と裏で使い分けてもいい。水田は野菜用にヒノキのまな板を使っているが、切り心地が優しくて気持ちいい。

耐熱性のうつわや耐熱ガラスボウル、タッパー類

要は電子レンジにかけられる物。食材や調味料をレンチンするのに使う。100円均一で売っている耐熱性のうつわを食器兼調理道具にしてもいい。水田は、8cmと12cmの『HARIO（ハリオ）』のガラスボウルを使っている。

直径20〜22cmのセットで使えるボウル＆ザル

ボウルは大は小を兼ねるので、一つ選ぶなら大きな物を。混ぜるときにこぼすことを恐れず、混ぜやすい。ザルは、ボウルに合わせて重なるサイズを選ぶ。水田は『家事問屋』の「横口ボウルザルセット20」を愛用中。

ヘラ

料理をしているとヘラが必要なときがくる。木ベラだとフッ素樹脂加工を傷つけず、かたさもあり、ひき肉を炒めたり、ゆでたじゃがいもを潰したりも。煮物などやわらかい具材なら、先端が薄いシリコンや金属のヘラが、崩さずひっくり返せる。

あると便利な調理道具

料理をする頻度が高くなると、「あると便利だな」と感じる道具がいくつか出てくる。ここで紹介する6アイテムは、水田のレシピによく登場する道具ばかり。もし、心と予算に余裕があれば、できればそろえてほしい。絶対に使うから、「あってよかった」と思うはず。

木の菜箸

調味料や卵を混ぜたり、炒めている食材を一つひとつひっくり返したりできる菜箸。割り箸で代用できるが、100円均一でも買えるから、できればそろえよう。ただ、糸で2本がくっついている物は、買ったら糸をすぐに切ること。扱いづらいし吊るすこともないだろうから。

長さのあるトング

食材を掴んだり、ひっくり返したり、盛りつけたり。大きな具材も掴めるトングは、料理のいろいろなシーンで活躍する。使いやすいのは、長さのあるトング。あまり小さいとフライパンや鍋との距離が近くて手元が熱い。水田は鍋肌に優しいシリコン素材の物を愛用している。

おろし金

にんにくとしょうがは、自分ですりおろすと香りが抜群にいい。だから忙しい朝や疲れているときは別として、できればおろしたてを使ってほしい。水田が愛用している「irogami（いろがみ）」は、まるで手のひらでおろすような感覚で、使いやすく、しかも洗いやすい。見た目もおしゃれ。

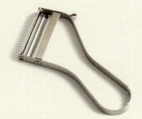

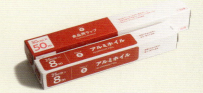

切れ味のよいピーラー

野菜の皮剥きに便利なピーラー。よく切れる方がケガをしにくく、仕事も早い。水田はロケでお邪魔した合羽橋の『飯田屋』で買った「エバーピーラー」を使っているが、これは切れ味が全然ちがう。それまで特にこだわっていなかったピーラーに注目するきっかけになった。

角形トレー（バット）

水田は丈夫なステンレス製で、重ねてしまえる3枚をネットで購入。切った野菜の仮置き場や、肉に塩を振るとき、成形したコロッケを冷凍するとき、豆腐を半分使って残りをパックごと冷蔵庫にしまうときなど。料理の下ごしらえから、ちょっとした受け皿のようにも使っている。

アルミホイル&ラップ

アルミホイルは、落とし蓋にしたり、トースターやグリルで厚揚げなどを焼くときにしいている。ラップは、使いかけの材料を冷蔵庫にしまうときや、ごはんを冷凍するときに。どちらも何度も買いに行くのは嫌なので、なるべく長い物を使っている。幅は使いやすい短めで。

包丁の使い方＆切り方

料理を作るとき、必ずといっていいほど包丁を使う。むしろ使わない料理の方が珍しい。だからこそ、正しい切り方、動かし方などの、基本を知っておくことが大事。きちんと包丁を扱えると、安全で、体に負担がかからず、食材もキレイに切れて、味もよくなる。

まな板に滑り止めをしく

まず包丁の前に、まな板の置き場所に気をつけること。まな板がグラグラしていると危ない。必ず平らな場所に、まな板全体が乗るようにして、滑り止めをしておく。滑り止めは、水気をしっかり絞ったタオルや手拭い、布巾などを、まな板のサイズに畳んでしけばいい。

包丁の置き方

包丁の刃先は、自分に対して外側に向け、平らな場所に置くこと。こうすることで、ふとした拍子に手を切ってしまうなどという悲劇を防げる。人によってはこの置き方から危なく、水田はそれを見るたびにヒヤヒヤする。料理をするときに、ケガをしては元も子もない。

包丁の握り方

基本は、親指と人差し指で刃元の中央を握り、残り3本の指で枝を握る。魚をさばくなど繊細な作業をする場合は、人差し指を包丁の背（峰ともいう）に立てて切る。こうするとピンポイントで包丁を入れやすい。

包丁の構え方

右利きで右手に包丁を持つのなら、右足を半歩後ろに引き、体はまな板に対して斜め45度になるようにする。左利きで左手に包丁を持つのなら、左足を半歩後ろに引けばいい。体の角度は右利きと同じように。まな板と体の間は、握りこぶし一つ分くらいあけておくと切りやすい。

食材の持ち方

よく「猫の手」というが、本当に猫の手のように指先を丸めて上から食材を押さえるだけでは危ない。親指と小指は食材を両サイドから挟み込むように押さえて、中指の第一関節を包丁の側面にあてた状態で切ること。このとき、親指を伸ばしすぎないように注意して。

切り方

刃を大きく使い、包丁を手前から奥に滑らせながら切るのが基本。切り出しは刃先から入れ、切り落としは柄の近くになるように。スーッと切ると、素材の繊維を潰さず、キレイに切れて、食感もよくなる。何度もギコギコと押して引いてを繰り返すと、繊維がボロボロになるのでやめよう。

材料の切り方

それぞれの材料の特徴や料理に合わせた、いろいろな切り方がある。切り方によって、食感がよくなったり、味がしみ込みやすくなったり、調理時間が短縮できたりするので覚えておこう。ここでは基本的な方法から水田のレシピによく登場する切り方まで紹介する。

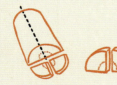

いちょう切り

材料を縦に4等分してから一定の幅で切る。いちょうの葉に似ているためこう呼ぶ。

❶縦半分に切る。❷①をさらに縦半分に切る（つまり縦に4等分にする）。❸②を合わせて真横に置く。❹端から厚みが同じになるように切っていく。

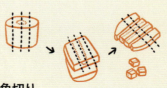

角切り

立方体に切る切り方。一辺が1cmなら「さいの目切り」、5mmは「あられ切り」ともいう。

〈2cm角の角切りの場合〉
❶2cm幅で縦に切った材料を寝かせてから、棒状にする。❷端から厚みが同じ（2cm）になるよう切っていく。

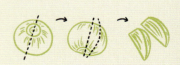

くし切り（くし形切り）

円形の材料を放射状に切る切り方。くしの形に似ていることからこう呼ぶ。トマトや玉ねぎ、りんご、ゆで卵などにも。食べやすく、同じ大きさに切りそろえられる。

❶縦半分に切る。❷①の切り口を下にして、放射状に4〜5等分する。

小口切り

ねぎやきゅうりなどの細長い材料を、端から同じ幅で切る切り方。端のことを「小口」というので、こう呼ぶ。厚みは料理により異なるが、1〜5mmが目安。

❶根や葉がついていれば切り落とす。❷等間隔で直角に切っていく。

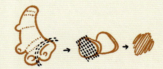

せん切り

薄く切った（もしくは薄い）材料を、端から細く切る切り方。幅3mm以下が目安。キャベツや大根などを生で食べるときや、きんぴら、ねぎやしょうがなどの薬味にも。

❶厚みのある材料なら、好みの厚さに薄く切る。❷端から等間隔で直角に切っていく。

短冊切り

短冊のように、薄い長方形に切る切り方。火が通りやすく、崩れにくい。長さ4〜5cm、幅1cmが食べやすく、一般的。

❶短冊切りの長さを決め、均等に（4〜5cm）切る。❷横幅を決め、①を（幅1cm）切る。❸好みの厚みで端から切る。

材料ごとの切り方

玉ねぎのみじん切り

細く「くし切り」にしてから刻んでいく簡単な方法もあるが、定番の切り方はこちら。

❶縦半分に切り、切り口を下にする。❷根元を1/4ほど残し、縦に細く等間隔に切れ目を入れる。❸90度回転させ、包丁を寝かせて横に2〜3本切れ目を入れる。❹端から細かく切る。

細長い材料をまとめて切る

青ねぎの「小口切り」や、にらなど細長い物を細かく切るとき。1本ずつ切っていては時間がかかりすぎるので、まとめて切りたい。そこで、まず先端をそろえ、親指と小指で軽く横から挟み、残りの指で上から押さえる。これだけで材料がバラバラになりにくく、まとめて切れる。指で挟むのが難しければ、輪ゴムで軽くしばってもいい。

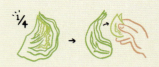

大きな野菜を切る

大きな野菜は切りやすいサイズにしてから、用途に合わせた切り方にしていこう。たとえばキャベツの場合、縦半分に切ったら、さらに半分に切って1/4にする。その後、芯を取り、重なった葉をはがしてから切るといい。また、かぼちゃのようなかたい野菜は半分に切るのも大変なので、最初から1/4サイズを買うのも手。

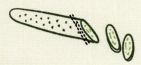

斜め切り

材料を斜めに切る切り方で、薄い場合は「斜め薄切り」ともいう。斜めにすることで、切り口が細長くなる。ごぼう、きゅうり、長ねぎなど、細長い材料によく用いる。

❶斜めに包丁を入れ、端から同じ厚みで切っていく。

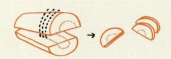

半月切り

大根、にんじん、なす、きゅうりなど、丸い棒状の材料を半月の形に切る切り方。サラダにするなら薄め、煮物なら厚めなど、食材や作る料理に合わせて厚みは調整する。

❶縦半分に切る。❷切り口を下にして、端から同じ厚みで切っていく。

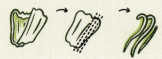

細切り

薄く切った（もしくは薄い）材料を、端から細長く切る切り方。幅3〜5mm程度の幅が目安。材料をただ細くするだけでなく、均一に細く切ることがおいしさのポイント。

❶厚みのある材料なら、好みの厚さに薄く切る。❷端から等間隔で直角に切っていく。

みじん切り

材料を1〜2mm角程度に細かく刻む切り方。3〜4mmを「粗みじん」という。切り方は材料によるが、細かくすることで火が通りやすく、味もしみ込みやすくなる。

❶「細切り」にした材料をそろえて横に置く。❷端から細かく切っていく。

乱切り

材料を不規則な形に切る切り方。一つひとつの形はちがっても、大きさをほぼ同じにすることがポイント。表面積が大きくなることで、火の通りや味のしみ込みがよくなる。

❶細長い物は、回しながら切る。丸い材料なら、4等分にしてから斜めに包丁を入れる。

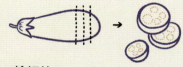

輪切り

切り口の丸い材料を、端から切る切り方。料理や材料によって厚みはちがうが、1〜5cmが一般的。同じ厚みにそろえるのがポイント。「小口切り」を「薄い輪切り」とも。

❶材料を真横に置く。❷端から同じ厚みで切っていく。

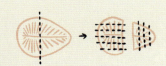

肉の切り方

基本は、どんな肉もギコギコとノコギリのように包丁を入れないこと。また、パサパサしがちな鶏むね肉や筋の多い肉は、繊維を断ち切るように切るとやわらかくなる。そして、下ごしらえも大事。こま切れ肉なら、余計な筋を切り、食べやすく。鶏肉は、筋や余計な脂を取りのぞくと、舌触りがよく臭みも出にくくなる。

一口大

一口で食べられるぐらいの大きさに切ること。一般的には、約3cm四方をいう。ただ、人によって一口の大きさはちがう。水田のおすすめは、自分の指で大きさを確認すること。人差し指と親指で輪っかを作ってみてほしい。これが大きめの一口大の目安。そこから自分が一口で食べやすいサイズを考えればいい。

繊維に沿う or 断ち切る

野菜の「繊維」を意識すると、味わいや歯応えが変わる。繊維に沿うと、火を通してもシャキシャキとした食感で、炒め物がおいしく仕上がる。繊維を断ち切ると、煮物なら早く火が通り、生で食べる野菜の場合はふわりと食べやすくなる。ちなみにスライスオニオンは、繊維を断ち切ると辛味も抜けて食べやすくなる。

調味料

基本の調味料

あるともっとおいしい調味料

茶色い砂糖
水田は砂糖にあまりこだわらない。強いて言うなら、「茶色い砂糖」を選ぶぐらい。中でも、三温糖はカラメルのようなコクがあり、きび砂糖は甘味が優しく、てんさい糖はまろやか。手に入りやすい物を選んで。

塩
「アルペンザルツ」は、サラサラでまんべんなく振りやすい。「伯方の塩」は、地元の愛媛で加工されているので愛着がある。この他、焼き野菜やステーキ用に削るタイプの岩塩も使っているが、料理が楽しくなってから買えばいい。

酢
クセがあまりなく、いろいろな料理に使いやすい「穀物酢」。もしくは、まろやかな酸味の「純米酢」がおすすめ。水田は、近所のスーパーで売っている酢の中から、昔ながらのシンプルな製法で作られている物を選んでいる。

バター
コクが加わるバターは、買いやすいメーカーでいい。この本では『よつ葉』の「有塩バター」を使っている。お菓子作りもする人は「無塩バター」でも。味がブレないよう、有塩か無塩か使う方を決めておけばいい。

黒こしょう 白こしょう
風味やスパイシーな辛味が加わる「黒こしょう」は、ホール（粒）をひこう。ひきたては香りがちがう。煮込みや臭み消しに使う「白こしょう」は、振りやすいパウダーを。どちらも使い切りやすい小瓶でOK。

料理酒
臭み消し、旨味を加えるなどの役目があり、炒める、煮る、蒸すなど、いろいろな料理で使える。ポイントは、米と麹で作られた"本物"の料理酒を使うこと。味つけに関わるので、食塩も添加されていない方がいい。

基本の調味料

水田がよく使う調味料は、近所のスーパーで手に入る、昔ながらのシンプルな製法の物ばかり。なぜなら、あまり高級な物だと料理のおいしさが調味料の手柄になる気がするから。おいしいのは自分が頑張ったから！と、自分の手柄を感じたい。道具と同じく、調味料も少しずつ増やしていけばいいが、油は料理に合った物を使うこと。この本では米油をよく使うので、最初は米油を買い、いろいろ作ってみるのがおすすめ。

濃口しょうゆ 薄口しょうゆ
水田は買いやすさもあって、『キッコーマン』の「いつでも新鮮 しぼりたて生しょうゆ」を使っている。まず一本、しょうゆを買うなら「濃口」を。つける、かける、煮物の味つけになど、万能に使える。

油
一本買うなら、素材の味を引き立て、酸化しづらい「米油」。次に「オリーブオイル」があればだいたいカバーできる。さらに「エキストラバージン (EX) オリーブオイル」もあれば、仕上げにかけたりドレッシングにも。

合わせ味噌
2種類以上の産地や麹がちがう味噌を合わせた「合わせ味噌」は、味に深みが出る。色は写真を参考に、500〜700gで300〜600円くらいの物が買いやすくておすすめ。水田は、奥さんの祖母自家製味噌も愛用。

ごま油
『かどや』の「純正ごま油」は絶対に切らさないが、風味に個性があるので使うときを選ぶ。ごま油に対して「入れとけば旨くなる」と思っているなら危険。なぜなら全部同じ風味になるから。ごま油のおいしさに頼りすぎないで。

基本の調味料

あるともっとおいしい 調味料

一本の調味料で料理の味はグッと変わる。だからたくさんの中から選んだり、知らない味と出会ったりするのもおもしろい。水田は、ロケや旅に行った先で調味料を買うことも。近所のスーパーも含め、いろいろ試した中から「あるともっとおいしい調味料」はこちら。

紹興酒

中華料理のイメージがあるかもしれないが、和食でも使えるので、料理酒の一つと思っていい。いつもの料理に加えると、独特の甘いコクとよい香りが加わる。メーカーはどこでもいいが、『塔牌』の「花彫」は、身近なスーパーなどで手に入りやすくて、呑んでもおいしい。

オイスターソース

牡蠣が主原料の中華料理の定番で、独特の風味とコクが加わる。炒め物やスープなど、中華にこだわらず、使うしょうゆの半量をオイスターソースに置き換えるのもおすすめ。味に深みが出て、家でこんなにおいしいもんができるんや!?と驚くはず。水田家ではすぐに減る。

カレー粉

赤い缶の『S&B』「カレー」は、水田家ですぐに使い切ってしまう調味料の一つ（P77 使い方アイデア）。スパイスを使った料理のまとめ役として、最後に入れることもある。料理人時代、和風炒めの隠し味や魚を揚げる前の下味など、まかないでも幅広く使っていた。

白ワイン

パスタ料理や魚のソテーに、料理酒として使う。独特の爽やかな風味や旨味が加わり、臭み消しにも。メーカーは特にこだわりはないが、水田はそのまま呑める安い白ワインを選ぶ。すると、作った料理にそのワインが合うので、お酒を呑みながら食べたいときにぴったり。

"ちょっといい" しょうゆ

ロケや旅先で買うことが多い、"ちょっといい"しょうゆ。毎日の料理に使う物とはちがい、「今回はこれを試してみよう」と、新たな出会いを楽しんでいる。おいしい卵で卵かけごはんにしたり、ゆで上げたうどんにかけたり……。あると嬉しいので、なるべく切らさないようにしている。

柑橘系の果汁

うどんや、焼き魚の大根おろしにかけたり、焼酎のソーダ割や休肝日のソーダ水に入れたり。"ちょっといい"すだち果汁、レモン果汁、かぼす果汁は、料理にもお酒にも使えるので常備している。料理とお酒で使う柑橘類をそろえれば、相性がよくなるのもいい。

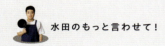 水田のもっと言わせて！

油にこだわる

　40歳を過ぎた頃から、日々どういう油を使うか気にし始めた。油の摂りすぎが体によくないことなんて学生のときから分かっていた。今思えば、分かった時点で気をつければよかった。だが油を気にするのに遅すぎるなんてことはない。だって体によい悪いだけでなく、油にこだわれば料理もおいしくなるから。
　たとえば僕がよく使ってる圧搾(あっさく)製法の米油や菜種油は、クセがなく酸化しにくいから、ドレッシングや炒め物に使うと素材の味を引き立ててくれる。揚げ油として使えば、カラッと揚がって軽い仕上がりになり、油酔いしそうになる重たいにおいもないので、いくらでも食べられる。でもたまに昔ながらの町中華風の炒飯が食べたくなったときは、割り切ってこれでもかってくらいのラードを使う。
　体のためにと思うと義務感が出てくるけど、よりおいしく食べるためにと思えば、油にこだわるのも楽しくなるはずだ。

水田家では調味料の蓋に中身を書く。書くのは開封した人。

はかる

料理は、「時間」と「量」を意識すると、いちばんおいしく食べられる。これはプロの料理人も大事にしているポイント。よく「目分量」などというが、最初から感覚でやるのは難しい。だからこの本を読んでいるあなたは、まず計量スプーンを買うこと。時間をはかるキッチンタイマーもあるといい。量をはかれば味つけの失敗もなく、常に変わらない味で食べられるし、時間が読めると食べたいタイミングに合わせられるから。

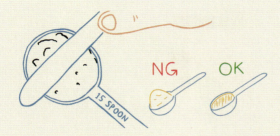

計量スプーンは「すりきり」ではかる

「大さじ」「小さじ」で塩や砂糖、粉類をはかるときは、山盛りにせず、「すりきり」ではかる。方法は、はかる物を計量スプーンで多めに取り、箸やスプーンの柄などで表面を平らにならして余分を取りのぞく。しょうゆや油などの場合は、スプーンにちょうど1杯入れること。

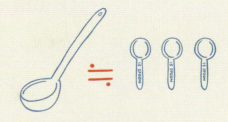

自分のおたまが何㎖入るか知っておこう

たとえば味噌汁に大さじ5の味噌が必要な場合。おたまに150㎖入るなら半分の量を入れればよく、計量スプーンで5回はかる必要がなくなる。「おたまにこのぐらいで、この味」と把握できると、いい意味で手が抜けるし、スムーズになる。だんだん作り慣れていこう。

「ひとつまみ」「少々」

「ひとつまみ」は三本指で、「少々」は二本指でつまんだ量と決まっている。ただ、人によって感覚や指の大きさはちがう。特に塩加減は、ちょっとでも多い・少ないと味が変わる。一度、自分の指でつまんで「ひとつまみは小さじ1/4だな」などと把握しておくといい。

「○○弱」「○○強」ってどれぐらい？

レシピに出てくる「弱」と「強」に、数値的なルールはない。水田の場合、「弱」なら0.8倍ぐらいで、すりきりよりやや少なく。「強」なら1.2〜1.3倍で、ややこんもりとした状態ではかる。ちなみに「大さじ1弱」は「大さじ1と弱（少し）」ではないので、注意して！

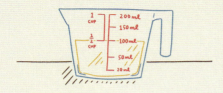

液体は平らな場所ではかる

ごはんを炊くときにジャーや鍋に水を入れたり、計量カップでだしや水をはかるとき。当然だが、平らな場所に置いてはかろう。斜めになっている場所や、グラグラする不安定な状態では、正しくはかれない。万が一、こぼす可能性もある。つまり、危なくておいしくない。

時間をはかる

この本でも「6分ゆでる」「25分煮る」などとあるが、何か作業をしていると時間を忘れがち。気づけば時間がすぎて、加熱しすぎている。だからキッチンタイマーで時間をはかること。スマホのタイマーでもいい。水田は使いやすい『無印良品』の物を愛用している。

21

本書について

野菜の数え方

材料の野菜は「大1個」「中1個」などではなく、「1個」「2個」と個数のみ表記する。大きさは自分で見て好みで選べばいい。つまり難しく考えすぎなくていい。見たことないくらいデカい玉ねぎに出会ったときだけ「これは2〜3個分！」と考えればいい。

鶏肉の数え方

大きさによるが、鶏もも肉ならだいたい1枚＝250〜300gの場合が多い。そこで本書のレシピでは、鶏肉を「1枚」「2枚」と枚数で表記する。豚肉や牛肉、ひき肉など、その他の肉はg数を表記するので、パッケージを参考に選ぼう。

米油の代用はサラダ油でOK

炒め物や揚げ物に使う油は、米油を使用している。ただし、クセのない物ならサラダ油や菜種油でもいい。ごま油やオリーブオイルなど、クセの強い油は米油の代わりにはしない。

男爵とメークイン

じゃがいもには種類がある。よく使うのは2種類。男爵は丸くてごつごつしてる。煮崩れしやすい。潰して使うのに向いてる。メークインは楕円形。煮崩れしにくい。形を残す料理に向いてる。あくまで向いているだけ。好みで使おう。

うつわは耐熱性がおすすめ

うつわも調理道具もイチからそろえる場合、最初は「レンチンできる耐熱性のうつわ」を買うのがおすすめ。なぜなら、うつわが調理道具も兼任してくれるから。大きな皿なら切った物を並べておけるし、茶碗は調味料を溶いたりもできる。うつわ＝ごはんを食べる道具のみならず、使いようで用途は広がる。

こしょうのはかり方

本書では、黒こしょうはホールをひいて使うタイプを。白こしょうは粉末タイプを使用する。そこで、黒こしょうはひくときにガリッというので「1ガリガリ」「2ガリガリ」。白こしょうは振りかけるので「1フリフリ」「2フリフリ」と表記する。なぜ2回なのか。それは、1回だけのガリやフリだと出が悪い場合があるから。また、最小の使用量が「1ガリ」や「1フリ」な場合もないので「ガリガリ」「フリフリ」にしている。

カレー粉は『S&B』の赤缶がおすすめ

本書のレシピで使っている「カレー粉」は、『S&B』の「カレー」、通称「赤缶」だ。複数のスパイスを使わずとも香りのアクセントが加わる万能調味料だ。

「ごはん」

何はなくともごはんがおいしく炊ければ、おかずはでき合いのお惣菜でも立派な一食になる。でも、毎日のことだから、そのときの時間や気力に合わせて"ごはんのお供"を作ってみよう。できたてにはかなわない。

牛肉のしょうゆ焼き丼
（ごはんの炊き方）

かかる時間 **58分50秒**

ごはんの炊き上がりに合わせて牛肉のしょうゆ焼きを作る

　若手の頃に先輩に連れられて行く最高のコースが、仕事終わりに劇場近くにある銭湯で汗を流して、すぐ隣のお好み焼き屋さんで一杯やることだった。今でも大阪で仕事の予定が入ると実現可能かどうか、すぐにシミュレーションに入る。「あなたにとって末長く健康でいてほしいのは誰ですか？」と聞かれたら、親族の次にそのお店の大将が思い浮かぶかもしれない。そして必ず最初に注文するのが、この牛肉のしょうゆ焼きだ。おそらく牛肉の薄切り肉を鉄板の上でしょうゆをかけて焼いただけなのだが、これが最高に旨い！ 作ってるところは見たことがない。店に入って生ビールと一緒に注文して、生ビールを飲んで「かーっ！ 最高っすねー！ 何いきますー？」とメニューを見てるともう出てくるのだ。だがシンプルだからこそ、丁寧に作るかどうかで味に大きな差が生まれる。どうか侮らず、おいしく調理して熱々の白ごはんと共に食べてほしい。

[材料：作りやすい量]
■ごはん（2合分）
米……2合（360㎖）
※1合炊きができる炊飯ジャー（以下「ジャー」）や小鍋で炊くなら1合でもいい。その場合、水は半分の量にする。
水（炊飯用）……430㎖
（ジャーで炊くなら2合のメモリまで入れる）

■牛肉のしょうゆ焼き（1人分）
牛肉（薄切りもしくは切り落とし）……70〜80g
温かいごはん……茶碗1杯分
塩……ひとつまみ
酒……小さじ1
濃口しょうゆ……小さじ1強
白ごま、マヨネーズ（好みで）……各適量
米油（サラダ油でも可）……小さじ1

ごはんの炊き方

かかる時間 **58分50秒**

[作り方]
❶手を洗う。言うまでもないが、清潔なタオルで手を拭く。
▶▶ 50秒

❷米を専用の計量カップではかって、ジャーの釜（もしくはボウル）に入れる。このときに、カップすりきりではかること。山盛りでも足りなくてもダメ。
▶▶ 40秒（水田は米をはかって米の袋をしまうところまで 30秒）

> 米の計量カップは米を炊くときにしか使わないし、生米以外に触れないので汚れることもない。だから水田は、計量カップは米の袋の中に常に一緒に入れている。毎度洗わなくていいが、濡らさないように気をつけること。もちろん汚い手で触らないこと。

❸米を入れたジャーの釜（もしくはボウル）に、水（分量外）を半分くらい入れる。入れたらすぐに捨てる。
▶▶ 10秒

> では、なぜせっかく入れた水をすぐ捨てるのか。理由は、米に付着しているヌカ※を取るため。すぐに水を捨てないと、米に付着してたヌカの成分が水と一緒に米に吸収されてしまう。ヌカは独特のにおいがあるので、落とした方がいい。だから最初に水でサッと流す。このときにザルがあればすぐに水を捨てられるが、ザルを別に使っていることもある。水田の場合は手早く大胆かつ繊細に、手で米がこぼれないように気をつけて水だけ捨てている。
>
> ※ヌカ…簡単に説明すると、収穫した米の周りを削って食べやすくする「精米」という工程で出る粉。

❹ザルに米が入っているなら、釜（もしくはボウル）に米を移して、優しく手でかき混ぜる。なぜなら、ザルの中でかき混ぜると米が傷むから。かき混ぜ方は、手を一定方向に15周程度回すだけでいい。このときにいろんな方向からこねるように混ぜると、米が傷つきすぎる。道具を使うのも米が傷つくので、手でかき混ぜること。かき混ぜたら、もう一度水（分量外）を釜（もしくはボウル）の半分くらいまで入れて、すぐに捨てる。
▶▶ 30秒

買った米に新米のシールが貼っているときは、❹の工程は1回でいい。12月以降はシールが貼ってる貼ってないに関わらず、この工程をもう一度繰り返す。

❺❹で捨てた水がまだかなり白く濁ってるようなら、もう一度水（分量外）を入れて捨てる。
▶▶ 30秒

❻ボウルで洗っている場合は、米をジャーの釜に入れる。
▶▶ 10秒

> ここですぐに炊き始めず、一度ザルに米を上げて5〜10分くらい水をしっかり切る方法もある。たとえば、鍋（フライパンでも可）で炊く場合は内側にメモリがないので、米の量に合わせた水をはかってから鍋の中で洗米と合わせる。このときに余分な水が入るのを防ぐためにザルで水を切るのだが、長時間ザル上げすると米が乾燥してひび割れてしまうので注意すること。
> 昔はかための米を炊くときに、ザル上げして乾燥させることでわざとひび割れさせて、炊いたときにやわらかく粘りが出るようにしていた。だが、最近の米はきちんと炊けばやわらかくて粘りも出るので、長時間のザル上げは米を傷めることにつながってしまう。

❼炊くための水を、はかって入れる。あなたの家の水道水がもしおいしくなければ、できるだけおいしい水をジャーのメモリを見ながら正確に入れる。このときに、釜や鍋をちゃんと平らな場所に置いておくこと。水平な状態で水を入れないと正確でないから。炊飯釜のメモリの線と水のラインが並行だったら、そこは平らな場所。
▶▶ 30秒

米1合（180㎖）に対して、水は1.2倍（新米なら1.1倍）入れる。

❽ジャーではなく鍋（フライパンでも可）で炊く場合は、ここから米を浸水（水に浸けておくこと）させる。ジャーの普通の炊飯モードなら、スタートしてから浸水もした上で炊いてくれるので、任せておけばいい。洗った米の入った釜をジャーにセットする。
▶▶ 10秒（ちなみにここまでの工程で、濡れた手を拭いたり、釜の外側が濡れていたらジャーにセットする前にきちんと拭くなどの時間も含めている）

> なぜ浸水させるのかというと、炊く前に米に水を吸収させると中まで水分が入って、ムラなくふっくらと仕上がるから。浸水は、夏場は30分、冬場は60分くらいで十分。季節によって時間がちがうのは、水の温度によって米が水を吸収する速さがちがうため。
> 急いでいるときは、できるだけでいい。なので、余裕があるときは早めに準備しておけばいいが、常温で2時間以上浸けておくと雑菌が増殖する可能性が高いので注意。炊く直前に余裕がなければ、前日に浸水まですませた米の水をしっかり切って、密閉できるビニール袋や蓋つきのタッパー、ボウルに入れてラップをするなどして、乾かないようにしたまま冷蔵庫で保存しておけば、当日にすぐに炊ける。また、こうして浸水させておけば、炊飯ジャーの早炊きモードでもふっくらと炊き上がる。
> ちなみに飲食店で大量の米を一気に扱う場合は、ザルに上げていても米に付着している水分でムラなく吸水ができるので、長めにザル上げしているお店もある。まちがっても店員さんに「それ米がひび割れますよ?」などと言わないように。

❾米を炊く。洗い物が出ていれば、炊けるのを待っている間に洗う。この間に⑪以降の工程も読んでおく。
▶▶ 55分（ジャーの「普通炊き」の標準的な炊飯時間）

> 鍋やフライパンの場合は、蒸気穴のない蓋が必要。
> （2〜3合炊くなら）火力5で火にかけて沸騰したら、そこから2分ほど炊く。次に、火力4にして3分。それから火力2にして、6〜7分炊く。蓋の隙間や米の表面から泡が出ていたら、まだ水分が残っているので、そのまま火力2で1〜2分炊く。泡が出なくなれば火を止めて、蓋を取らずに10分待つ。これが「蒸らす」という工程。蒸らさずにすぐ食べようとすると、水っぽくベチャベチャでおいしくない。蒸らすことで全体の水分が均一に米の中に吸収されて、ツヤのあるもっちりとしたごはんになる。蒸らし終わると温度が下がっているので、火力7で10秒ほど火にかける。おこげを作りたければ、そのまま火力5でパチパチと音がするまで火にかける。

❿炊き上がったら蓋をあけて、しゃもじ（木ベラでも可）で米を潰さないように優しくまぜればごはんはでき上がり。
すぐに食べないときでも、炊き上がったらまずふんわり下の方から混ぜておく。混ぜずにそのまま放っておくと、余分な水分に偏りがあるので、炊きムラができたりごはんが密着しすぎてかたくなる。
▶▶ 20秒

牛肉のしょうゆ焼き

かかる時間 **4分45秒**

⓫米を炊いている間に肉を小さめ（人差し指第2関節くらいの幅と長さ）に切って、小さなうつわやボウルなどに移しておく。そのまま常温に置いておくと肉が傷むので、米が炊けるまで5分以上あるようなら容器にラップをして、冷蔵庫に入れておく。
▶▶ 40秒（水田は25秒。もちろん、まな板と包丁を用意する時間も含んで）

⓬肉を切った包丁とまな板をすぐに洗う。この後の工程でも、もし手で生肉を触ったら、その手で何かを触らずにまず手を洗うこと。手袋をしているかどうかは関係ない。肉を触った手で他の物に触って、汚さないことが大事。
▶▶ 50秒

⓭ごはんが炊ける5分くらい前になったら、茶碗を近くに出しておき、箸と箸置きは食卓に用意しておく。
▶▶ 15秒（家が広い人や一緒に食べる人数が多い人は30秒以上）

⓮肉に塩を振る。ひとつまみだけだとごはんのおかずとしては薄いが、しょうゆの塩分も加わるので、あくまで塩は下味。「下味」とは、生の食材に調味料で味をつけること。
▶▶ 10秒

⓯フライパンに油をひく。
▶▶ 10秒

ここでいう「ひく」とは、薄くひきのばすという意味。実際には、フライパンに油を入れてもまんべんなくひきのばすのは難しいが、なるべく全体的にいきわたらせる。だが油は常温のときは粘度があるので、フライパンが温まってきたらフライパンを傾けて全体にのばすといい。

⓰火力7でフライパンを熱する。フライパンを熱するときの適温の見極め方は、油を入れてフライパンを傾けたときに、油が水のようにサラッと流れたら十分温まっている。油からうっすら煙が出ているようなら危険な温度なので、すぐに火を止めて温度が下がるのを待つ。
▶▶ 30〜50秒

⓱フライパンが温まったら肉を入れ、菜箸（トングでも可）で重なった肉をほぐす。
▶▶ 20秒

⓲そのまま40〜60秒くらい肉に触らず、焼き目をつける。焼き目の目安はところどころ茶色い焦げ目がつくくらい。この茶色い焦げ目が香ばしい旨味となる。焦げ目が真っ黒になれば、それはただの苦味になるので、極力1mmも黒くならないよう気をつける。
▶▶ 40〜60秒

⓳肉を何枚かひっくり返し、ところどころ茶色い焼き目がついていれば、全体的にひっくり返すためにかき混ぜる。肉の臭みを飛ばすのと、肉をしっとりやわらかくして味にコクを足すために、酒を振りかけて軽くかき混ぜる。
酒の水分がほぼ飛んだら（蒸発したら）、アルコール分も飛んでいる。
この後、しょうゆでも使うのだから、小さじはまだシンクに入れず、小皿かトレーでも用意してそこに置いておく。
▶▶ 25秒

⓴肉の赤い部分がなくなったら、すぐにしょうゆを全体に回しかけてかき混ぜる。ここで肉に火が通っているのに焼き続けていると、肉がかたくなるし、しょうゆも焦げてしまう。しょうゆの焼けたいい香りがしたら、火を止める。
▶▶ 10秒

㉑茶碗にごはんをよそって、肉をのせたら完成。食べている途中で、白ごまやマヨネーズを少しだけかけてもおいしい。
▶▶ 15秒

27

ごはんでもう一品

レモン炒飯(チャーハン)

かかる時間 **11**分

二十歳(はたち)の頃に働いてた店で、洗い場を担当していた中国人留学生のヨウさん。まかないで作ってくれた炒飯には皮ごとカットされたレモンが入っていた。酸味と苦味と香りが効いていて、めちゃくちゃ旨かった! ヨウさん、20年以上経った今も僕はこの炒飯を作ってます。

[作り方]

❶フライパンに油を大さじ1ひき、鮭を皮目(かわめ)(皮がついている方)からのせて火力5で3分焼く。
▶▶3分

❶の間に

❷鮭を焼いている間に、きゅうりは斜めの半月切りにする。つまりイラストのような切り方。「斜め半月切り」、「半月斜め切り」、人によってどちらの言い方もある。どちらも前に「秘技」をつけると必殺技のようになるが、そこは気にせず切ることに集中してほしい。
▶▶30秒

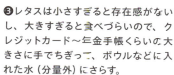
半月切り　P15

❸レタスは小さすぎると存在感がないし、大きすぎると食べづらいので、クレジットカード〜年金手帳くらいの大きさに手でちぎって、ボウルなどに入れた水(分量外)にさらす。
▶▶1分30秒(レタスを必要な分だけ取って、冷蔵庫にしまう時間も含め)

包丁で切るより手でちぎった方が細胞の破壊も最小限ですむので変色もしにくいし、シャキシャキ感も残りやすい。

❹鮭をひっくり返したら蓋をして、2〜3分焼く。蓋をした方が水分が飛びにくいので、身がふっくら焼ける。
▶▶2〜3分

❹の間に

❺レモンは1/8のくし切りにしてから、0.5mm幅くらいを目指して薄いいちょう切りにする。分厚いと食べたときに皮の苦味がダイレクトにきすぎる。薄く切るのが難しければ、なるべく薄く切った後、縦半分に切って細くすればいい。
▶▶60秒(60秒かかっていいのでゆっくり丁寧に)

❻包丁とまな板はもう使わないので、このタイミングで洗う。
▶▶50秒

❼卵を割り入れる容器と鮭をほぐす皿を用意しておく。
▶▶20秒

❽卵を割って、菜箸などで軽くかき混ぜる。
▶▶30秒

フライパンの温度をなるべく一定にすることがおいしく炒めるコツ。むやみに火から離すと温度が下がりすぎるので、あまりフライパンを振らなくていい。特に野菜などの冷たい具材を投入すると温度が下がるので、その際には極力火から離さないこと。お店の人がフライパンをよく振ってるのは、それをしても火力が強いのでフライパンにちゃんと熱が入るから。IHのコンロでも熱を極力下げずに鍋を振れる人は、動きが素早く的確だから。

❾使う調味料、計量スプーン、計量スプーンの基地(使ったスプーンを直接台の上に置かずに小皿などの上に置くこと)を近くに用意しておく。
▶▶60秒

[材料：2人分]
温かいごはん……茶碗に軽く2杯分（360ｇ）
塩鮭……1/2切れ
卵……2個
きゅうり……1/3本
レタス……3〜4枚
レモン……1/8個
濃口しょうゆ……小さじ1
塩……2つまみ
白こしょう……適量
米油（サラダ油でも可）……大さじ2
ごま油……小さじ1

⑩鮭に火が通ったかどうか確認する。方法は、箸で身を押したときにしっかり弾力があるか。もしくは身を割ってみる。
▶▶ 10秒

⑪鮭が焼けたらフライパンから皿に取り出し、身をほぐして入念に骨を取りのぞく。
▶▶ 60秒

皮はさらにパリパリに焼けば酒の肴になるし、砕いてサラダや酢の物にかけてもいい。

⑫フライパンに油を大さじ1ひく。溶き卵を一滴落として、すぐにジュッとなってかたまるくらいまで、火力7でフライパンを温める。油から煙がうっすら上がっていたら温度が高すぎるサインなので、すぐに調理に入ること。
▶▶ 60秒

⑬卵を入れ、すぐにごはんも入れる。
▶▶ 10秒

⑭卵をごはんにかぶせながら、ヘラ（おたまでも可）でごはんを優しく押し、ほぐしながら卵と油をまとわせてあげる。
▶▶ 20秒

⑮塩、こしょうを振って混ぜる。
▶▶ 20秒

⑯ほぐしておいた鮭を入れて混ぜる。
▶▶ 20秒

⑰きゅうり、レモンを入れて混ぜる。
▶▶ 10秒

⑱フライパンの真ん中をあけ、しょうゆを入れてジューッとなったらすぐ混ぜる。軽くしょうゆを焦がすことで香りが広がる。
▶▶ 10秒

⑲水を切ったレタスを入れて20〜30秒混ぜたら味見をする。薄ければ塩（分量外）を追加で入れて混ぜる。
▶▶ 30秒

⑳フライパンの真ん中をあけてごま油を入れ、熱してから全体に混ぜ、皿に盛りつけて完成。
▶▶ 20秒

余ったレモンの使い方アイデア

1. お酒や炭酸水など飲み物に絞ればレモン風味が加わっておいしい。水田はノンアルコールビールに絞ることもある。

2. 焼き物や揚げ物に。水田は直接魚に絞らずに、つけ合わせの大根おろしに絞る。

3. 魚のソテー（P100）や、カルボナーラなどクリーム系の料理の仕上げに絞ると爽やかになる。

4. オリーブオイル、塩、こしょうと混ぜれば自家製ドレッシングになる。

お菓子が作れる人はお菓子に使っても。「レモン1個は使いきれない」と思っている人は、一度買って試してほしい。

ごはんでもう一品

だけ丼

かかる時間 **8分45秒**

[材料：1人分]
温かいごはん……茶碗や丼などに軽く1杯分
絹ごし豆腐……1/2 パック（もしくは1/2丁）
釜揚げしらす……20〜30g
オクラ……2〜3本
キムチ……入れたいだけ
納豆……1/2〜1パック
青ねぎ……目安は2〜3本だが入れたいだけ
白ごま……小さじ1/2
濃口しょうゆ……小さじ1弱
塩（オクラ用）……小さじ1
ごま油……適量

のっけるだけの気力しかないときに食べる「だけ丼」。オクラとねぎを仕込んでおけば工程の❼からでいいので3分15秒。水田は2分を切る。妻のすすめだがラー油をかけてもめちゃくちゃ合う。

[作り方]
❶オクラをゆでるために湯（分量外）を沸かす。
▶▶ 3分

ここで「水を沸かすだろ！」と思ったクレーマー気質な人は、結果目的語と対象目的語について調べること。

❶の間に

❷オクラは、塩をまぶして潰さないように揉み合わせる。こうして産毛を取ることで口あたりがよくなる。料理できる人っぽく見られたい人は、チャンスがあれば「これやると口あたりがよくなるからな」って誰かに説明してみるといい。
▶▶ 40秒（①の間にやればいいが、ゆっくりやっても40秒もかからないはず）

❸オクラのヘタのかたい部分を切り落とす。切る部分が多すぎるとオクラの空洞部分に到達して穴があき、ゆでたときに中に湯が入って水っぽくなるので、気をつけること。
▶▶ 20秒（①の間にやればいいがゆっくりやっても20秒でできるはず。3本の時間）

❹沸騰した湯に、オクラを塩がついたまま入れて、1分30秒ゆでる。生で食べたい場合は、水道水で産毛を洗い流せばいい。野菜をゆでるときには色をキレイに保つため塩を入れる方法があるが、今回のような下処理で塩を使う場合は、オクラに塩がついたまま入れてゆでればいい。
▶▶ 1分30秒

❺オクラをゆでている間にボウルに水（分量外）を用意しておき、オクラがゆで上がったら水に浸けて粗熱を取る。「粗熱が取れている」とは、定義は条件によっていろいろあるが、とりあえず手で触ったときに温かく感じない温度だと思っていい。
▶▶ 30秒（水に浸けている時間）

❻粗熱が取れたオクラは3〜4mm幅の小口切りにして、適当なうつわに移しておく。
▶▶ 30秒
小口切り P14

❼青ねぎは2〜4mm幅の小口切りにして、ボウルなどに入れた水（分量外）にさらす。「さらす」とは、多めの水に浸けて置いておくこと。
▶▶ 40秒（水田のように常備していれば0秒）

❽冷蔵庫から他の具材を出す。
▶▶ 10秒（冷蔵庫の冷気が逃げるので手早く）

❾茶碗にごはんをよそう。
▶▶ 25秒

❿青ねぎを浸けている水を捨て、新しく水（分量外）を入れる。
▶▶ 10秒（水田のように常備していれば0秒）

⓫豆腐はスプーンですくっても包丁で切ってもいいので、一口大にしてごはんにのせる。
▶▶ 40秒（新しくパックから取り出してからやると、これくらいの時間はかかるだろう）
一口大 P15

豆腐の「1丁」の定義はなく、地域差がある。だいたい350g前後。

⓬⓫の上にキムチ、納豆、オクラ、しらすをのせる。冷蔵庫にしまえる物は全てしまう。
▶▶ 40秒

⓭青ねぎの水をよく切ってのせる。
▶▶ 10秒

⓮しょうゆ、白ごまをかけて完成。好みでごま油をかけてもおいしい。
▶▶ 20秒

30

汁物

ごはんの隣には、湯気のたつ汁物があるといい。体が温まるし、心も安らぐだろう。汁物を具沢山にすれば、他におかずはいらないぐらい満足できるのもいいところ。味噌汁以外は多めに作って、2〜3日楽しむのもアリだ。

じゃがいもと
玉ねぎとわかめの味

毎日早起きするのは大変だ。でもたまに早起きするくらいなら、そんなにハードルも高くない。だしをとるのもそれくらいで考えてほしい。忙しい日は市販のだしを使えばいい。余裕のある日にやればいいし、一度だしをとれば冷蔵庫で2～3日はもつ。朝に時間がなければ前日のあいた時間でやればいい。かつお節をパックに詰めてくれてる商品だってある。もう紅茶を淹れる手間とさほど変わらない。断念する理由を見つける方が大変だ。月に一度からでもいい。自分でだしをとってほしい。そのだしを味噌汁だけでなく、煮物や鍋にも使ってみてほしい。「あぁ、確かにちがうわ」と思わず声に出してしまうだろう。

[材料：冷蔵庫で2日もつので「どうせならこれくらい」の量]
■昆布とかつおの合わせだし（1ℓ分）
昆布（羅臼昆布か真昆布が何にでも使いやすい）……10g
かつお節……15g（小さめの手なら2つかみ、大きめの手ならひとつかみ）
水……1ℓ

■じゃがいもと玉ねぎとわかめの味噌汁（2～3人分）
じゃがいも……1/2個
玉ねぎ……1/6個
乾燥わかめ……小さじ1
昆布とかつおの合わせだし……400㎖
味噌……大さじ1
青ねぎ（あれば）……適量

※玉ねぎとわかめはどっちかだけでも可

噌汁（だし）

かかる時間
53分**40**秒

昆布と
かつおの
合わせだし

かかる時間
42分40秒

[作り方]
❶ もちろん手を洗った上で、まずは昆布だしをとる。だしは「作る」じゃなく「とる」や「ひく」と言う。料理人でもない人が「だしをひく」と言うのは鼻につくので「とる」でいい。昆布は鍋に入れた水に30分くらい浸けてから火にかけるとだしが出やすい。
▶▶ 30分

昆布を30分浸けておく時間がない場合は、昆布を前日から冷蔵庫の中で一晩水に浸けておく「水出し」という方法がある。これだけで昆布だしの完成。ただし半日以上浸けておくと海藻臭さが出やすくなるので、一晩経ったら昆布は取り出しておく。取り出した昆布は煮出せばまだ旨味が出るので、捨てずに取っておき、二番だしをとってもいい。二番だしをとるくらいやる気のある人は自分で調べてやること。
だし（自体）も取り出した昆布も、冷蔵庫に入れておけば2日程度もつ。だしは、麦茶を入れるようなポットに入れておくと冷蔵庫でしまいやすい。

❷ 火力3〜4で10分くらいかけて、湯気が上がって昆布から気泡が出てくるまで温める。沸騰させて煮込むと昆布の臭みやえぐみが出てくるから、沸騰させない。水出しの昆布だしなら昆布を取り出してから、火力7で沸騰するまで温める。
▶▶ 10分（水出しの昆布だしがある場合は5分）

❸ 火を止めて昆布を取り出し、かつお節を入れる。
▶▶ 20秒

❹ 火力5で沸騰させたら、火力2〜3にする。1〜2分、ポコポコ沸くぐらいの状態で煮て、かつお節の旨味を出す。
▶▶ 2分

❺ ザルにキッチンペーパーを重ねてだしをこして、かつお節を取りのぞく。このときに菜箸やおたまなどで軽く押さえて、しっかりかつお節のだしを出す。これで昆布とかつおの合わせだしのでき上がり。この時点で少し酸味があっても料理に使うと気にならないので大丈夫。
▶▶ 20秒

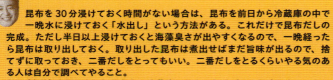

じゃがいもと玉ねぎとわかめの味噌汁

かかる時間 **11**分

[作り方]

❻じゃがいもは皮を剥き、5mm幅のいちょう切りにする。
▶▶ 1分20秒

> いちょう切り P14

❼鍋にだしとじゃがいもを入れ、火力6で沸騰させる。
▶▶ 30秒

❽沸騰したら、火力3〜4にして5分ほど煮込む。
▶▶ 5分

❽の間に

❾玉ねぎは必要な分だけ切り出して皮を剥き、繊維に沿って2mm幅くらいにスライスする。加熱して食べるときの薄切りは、繊維に沿って切るのが基本。その方が歯ごたえも残っておいしい。玉ねぎを切る前に、使わない分はすぐにしまうこと。クセづけると台所仕事がキレイにできる。
▶▶ 60秒（そういう前後の仕事も含めて60秒。水田は25秒だが、無理せずあわてずに60秒を目指すこと）

❿わかめを水（分量外）で戻す。味噌も使う分だけ用意しておく。
▶▶ 1分30秒

> 乾燥わかめは水で戻さず乾燥のまま入れてもよいが、物によっては磯臭さや塩気が強い場合もある。いったん水やぬるま湯で戻して軽く絞ってから使う方が、味つけの失敗が起こりにくい。

⓫包丁とまな板、ザルやボウルなども洗って、お椀を用意しておく。食事が味噌汁だけということはないだろうから、この時間で納豆なのか、はたまた卵を焼くのか、他のおかずの準備をすればいい。
▶▶ 2分30秒（❽の残り時間で）

⓬❽の煮込みが5分経ったら、❾の玉ねぎを入れ、さらに3分ほど火力3で煮込む。
▶▶ 3分（もちろんこの3分間もできることがあればする。常にできることを探す。なければひと息つけばいい）

⓭じゃがいもをひと切れ取り出して、箸で切れるくらいやわらかくなっていれば、わかめの水気を軽く絞ってから鍋に入れてひと煮立ちさせる。
▶▶ 40秒

> ひと煮立ちとは、煮物や汁物で煮ているときに、具材や調味料を追加すると一時的に鍋の温度が下がるので、もう一度ポコポコと沸騰させて10〜30秒ほど煮込むことをいう。また、調味料を追加したときに、味を安定させたりまろやかにしたり、しみ込みやすくしたり、アルコール分を飛ばしたりするためにも行う。

⓮火を止めたら、味噌をダマが残らないように溶かして完成。好みで、小口切りの青ねぎを散らしてもいい。
▶▶ 30秒

豚汁

汁物でもう一品

かかる時間 **32分20秒**

僕は肉の脂身が苦手というのもあって、豚汁を作るときは豚肉をしっかり焼いて脂を出す。他の人のレシピより遥かに出す。結果、その脂がだし汁に深いコクを与えてると思う。肉か魚を簡単に焼いただけでも、野菜たっぷりの豚汁とごはんがあれば立派な定食になる。だから僕はいつもたくさん作って2〜3日は副菜としてほぼ毎食楽しむ。一生作り続ける料理の一つだ。

[材料：作りやすい量]
豚バラ薄切り肉（豚こま切れ肉でも可。脂がある程度ある方がいい）……150〜200g
油揚げ……1枚
ごぼう……1/3本（15cm）
大根……8〜10cm
にんじん……1/2本
長ねぎ……1/2本（青い部分と白い部分をバランスよく使うこと）
しょうが……親指第一関節弱
こんにゃく……1枚（200g）
昆布とかつおの合わせだし（水でも可）……1ℓ
酒……大さじ2
味噌……大さじ4
油（米油、菜種油など、香りが強くない物なら何でも可）……小さじ2
青ねぎ、七味唐辛子（好みで）……各適量

[作り方]

コンロが2つある場合は、❶～❼は❽～⓭の間にすればいい。水田ならそうするが、バタバタしそうなら無理にしなくていい。

❶鍋（もしくはフライパン）にたっぷりの湯（分量外）を沸かす。油揚げとこんにゃくの下処理に使う。
▶▶ 4分

❶の間に

❷油揚げに使うザルと、野菜を切ってから入れておくボウル（茶碗でも皿でも何でも可）を用意する。
▶▶ 20秒

❸こんにゃくをスプーンで小さめの一口大に切り取っていく。スプーンでちぎるように切り取ると、包丁で切るより断面に凹凸ができて味がつきやすい。
▶▶ 40秒

一口大 P15

ちなみに水田は料理人時代、おちょこでこんにゃくをちぎっていた。おちょこでちぎると丸くキレイにちぎれる。ただし、薄い繊細な作りのおちょこではしない。

❹油揚げをザルに入れてシンクの中に置き、沸騰した湯の1/3くらいを全体に回しかける。これは油揚げの油臭さを取るためにする。
▶▶ 10秒

❺こんにゃくを①の残った湯に入れて、軽く沸騰させた状態で2分ほどゆでる。これでアク抜きができる。
▶▶ 2分

❺の間に

❻油揚げをまな板に移して、横長になるよう半分に切ってから、重ねて8mm幅くらいの短冊切りにして、小皿にでも移しておく。あいたザルはまだ洗わずに、こんにゃく用に置いておく。
▶▶ 30秒

短冊切り P14

❼あいたザルにこんにゃくを上げる。こんにゃくをゆでた湯は捨てていい。
▶▶ 10秒

❽大きめの鍋に油をひく。まだ火はつけない。
▶▶ 10秒

❾肉は4～5cm幅に切る。
▶▶ 20秒

❿油をひいた鍋に肉を入れ、汚れてない方の手（つまり包丁を持っていた方の手）で火力4に調節して、鍋を火にかける。
▶▶ 10秒

⓫肉が焼けてくるまでの間に包丁とまな板を洗う。
▶▶ 60秒

⓬肉がかたまっていたら、菜箸（トングでも可）でほぐす。
▶▶ 30秒

⓭しばらく肉だけ炒めてじっくり脂を出す。
▶▶ 4分

肉を炒めている間に

⓮この後、野菜を切るので入れるボウルを用意する。
▶▶ 10秒

⓯ごぼうは皮を包丁の背でこそぎ、2～3mm幅の斜め切りにする。
▶▶ 40秒

斜め切り P15

⓰野菜を切っている間も肉が焦げないか、様子を見る。しっかり焼き目がついていそうな肉は、ひっくり返す。
▶▶ 30秒

⓱大根は皮を剥き、5mm幅のいちょう切りにしてボウルに入れる。
▶▶ 40秒

いちょう切り P14

半分にカットされた大根を買うなら、煮込む料理は葉っぱのついた上の方がおすすめ。大根おろしで辛味を楽しむなら下を選ぶ。

⓲肉を見て、熱する前より半分くらいに縮んで脂が出ていたら火を止めておく。まだなら引き続きじっくり焼いておく。水田は、豚汁はおいしい汁と野菜を食べたいので、豚肉はかなり縮んでもいいから脂はしっかり出す。

⓳にんじんは皮を剥き、5mm幅の半月切りにしてボウルに入れる。大きい部分（直径5cm以上あるようなら）は、いちょう切りにしてもいい。肉の様子見を忘れないで。
▶▶ 40秒

半月切り P15

⓴長ねぎは1cm幅に切ってボウルに入れる。
▶▶ 20秒

㉑しょうがは皮ごと2～3mm幅にスライスして、ボウルに入れる。
▶▶ 20秒

㉒肉の脂が半分以上出たら、こんにゃくと野菜を加え、肉の脂が全体になじむように混ぜて炒める。もし鍋底が焦げついてきたら、一度火を止め、木ベラ（菜箸でも可）を使って野菜から出ている水分でこそいであげるとキレイに取れる。
▶▶ 4分

㉓大根が「食べるにはまだかたいが、見た目は半透明」くらいになってきたら、だし（水でも可）と酒を加える。
▶▶ 20秒

㉔火力5～6で沸騰させたら、小さくポコポコ沸き立つくらい（以下「コトコト」）の火力に調整する。このときにアクが出てくるので、おたまなどですくって取る。少しくらいアクが残っても大丈夫なので、肉から出たおいしい脂まで取らないように気をつけること。
▶▶ 4分

㉕野菜がやわらかくなるまで、蓋をしてコトコト煮込む。
▶▶ 8分

㉖野菜を食べてみて、「もう食べれるやわらかさのほんの少し手前、95%煮えてる」くらいになっていたら、油揚げを加えて火を止める。
▶▶ 10秒

㉗味噌を煮汁で溶いて、もう一度火をつける。
▶▶ 30秒

㉘コトコトと2～3分煮込んだら完成。お椀に盛ったら、好みで小口切りにした青ねぎや七味唐辛子を振ってもいい。水田は最初に青ねぎ、途中で七味を加える。
▶▶ 3分

37

汁物でもう一品

きのこと豚肉の
サンラータン風スープ

かかる時間 **23分20秒**

[材料：作りやすい量]
豚肉（脂のおいしいバラ肉がおすすめ。ひき肉でも可）……50〜100g
卵……2個
しいたけ……2〜3個
しめじ……1袋
えのきだけ……1袋
なめこ……1袋
しょうが……親指第一関節
水……750mℓ
鶏ガラスープ（中華スープでも可）……小さじ2（パッケージに書いてある量の1/2程度でいい）
酒（あれば紹興酒）……大さじ3
濃口しょうゆ……大さじ1
オイスターソース……大さじ1
酢……大さじ7
塩……小さじ1/2
白こしょう……5フリフリ
米油（サラダ油でも可）……大さじ1
ごま油……小さじ2
青ねぎ、ラー油……各適量
（ラー油は思っているより多めがおすすめ）

妻と記念日に行った中華料理店で、コースの最初に出てきたきのこスープ。また食べたくて何度も作るうちに卵と酢とラー油が追加された。原型はなくなったが、今では我が家の定番スープだ。

[作り方]

❶しいたけはいしづきを切り落とし、軸ごと3mm幅くらいの薄切りにする。
▶▶ 30秒

❷しめじはいしづきを切り落とし、食べやすくほぐす。
▶▶ 25秒

❸えのきだけはいしづきを切り落としてから半分の長さに切り、食べやすくほぐす。
▶▶ 30秒

❹しょうがは皮ごとせん切りにする。
▶▶ 40秒
せん切り P14

❺肉は5mm幅くらいの細切りにする。
▶▶ 35秒
細切り P15

メインのおかずがあるなら肉は入れなくてもいいが、水田は多めに作って翌日以降の朝や昼にごはんのおかずとしても食べたいので、少量の肉を入れる。

❻大きめの鍋に油をひき、火力5で肉を2分炒める。水田は①〜④を1分20秒で終わらせられるので、肉を炒めている間にする。
▶▶ 2分

❻の間に

❼なめこは小さめのボウルに水（分量外）と一緒に入れて、優しく水洗いしてからザルに上げておく。ぬめりにも栄養があるので取りすぎないこと。
▶▶ 25秒

❽肉に火が通ったら、なめこ以外のきのことしょうがを入れ、菜箸などで軽く全体を混ぜ合わせる。
▶▶ 60秒

❾酒を入れ、蓋をして蒸し焼きにする。
▶▶ 3分

❿水、鶏ガラスープを入れ、沸騰したら火力3にして3分煮る。アクが出てきたらおたまなどで取る。アクは少量しか出なければ取らなくていい。
▶▶ 7分

⓫しょうゆ、オイスターソース、塩、こしょうを入れる。
▶▶ 40秒

⓬なめこを入れて、コトコト（P36豚汁参照）と5分ほど煮込む。
▶▶ 5分

⓭ボウルかうつわで卵を溶きほぐし、⓬の鍋の中に円を描くように少しずつ入れる。
▶▶ 30秒

⓮卵がふんわりとかたまってほぼ火が通ったら、ごま油を入れて優しく全体をかき混ぜて火を止め、酢を入れる。
▶▶ 60秒

⓯うつわによそい、小口切りにした青ねぎ、好みでラー油を少したらして完成。ごはんを入れて雑炊にしてもおいしい。その場合は少しだけ酢と薄口しょうゆを足す。
▶▶ 30秒
小口切り P14

「ミートソース」

正直、「ミートソース」はとても手間ひまのかかる料理だ。でも一度この味を知れば、面倒くさくても作ろう！と思うはず。大量に作ればいろいろ使いまわせるので、休みの日など時間のあるときに頑張ってほしい。健闘を祈る。

ミートソース

かかる時間 **74分20秒**

高校を卒業して一人暮らしを始めるときに、ミートソースのレシピを母親から教えてもらった。母親が作る料理はどれもおいしかったが、子どものときから特に大好物だったのがミートソーススパゲティだったからだ。野菜がたくさん入っていて、じっくり煮込まれた優しくて毎日でも食べたくなるミートソース。毎度おかわりを繰り返し、スパゲティがなくなれば白ごはんにかけてまで食べていた。自分で何度も作るうちに細かなアレンジはしてきたが、味の根っこは変わっていない。必要なのは難しい技術ではなく、食べる人のために手間と時間をかけられる気持ちだった。もちろん水田は自分のためだけに作ってた頃からおいしくできていたが。

[材料：作りやすい量]
■ミートソース
合びき肉……400g
にんにく……1かけ
玉ねぎ……1個
にんじん……1/2本
セロリ……1本（香りが強いので大きければ半分でいい）
トマト水煮缶……1缶（400g入りで売っている場合が多い）
ローリエ……1枚
赤ワイン……120ml
トマトケチャップ……大さじ1と1/2
ウスターソース……大さじ1
ナツメグ（あれば）……3フリフリ
塩……小さじ4
砂糖……小さじ2
黒こしょう……5ガリガリ
オリーブオイル……大さじ4

■ミートソースパスタ（1人分）
パスタ（1.6mmの太さがおすすめ）……100g
ミートソース……大さじ5
生クリーム（もしくはバター10g）……30ml
パルメザンチーズ……大さじ2弱
黒こしょう……2ガリガリ
水……2l（パスタをゆでる用）
塩……大さじ1強（16g）
エキストラバージンオリーブオイル……小さじ2
パセリ（あれば）……適量

[作り方]

❶手を洗う。手首まで。ちゃんと拭く。この後、何度もこれを繰り返すことになる。なので手を拭く用のタオルを用意しておく。
▶▶ 50秒

❷まな板と包丁を用意し、炒める用のヘラも用意しておく。
▶▶ 20秒

❸まな板と包丁を拭く用と、その周りを拭く用の清潔な布巾（タオルでも可）を1枚ずつ用意する。
▶▶ 30秒

❹生ゴミを捨てる場所を、調理の邪魔にならない場所に用意しておく（三角コーナー、ポリ袋、ボウル、うつわ、何でも可）。
▶▶ 30秒（30秒もかからないと思うので次の行程を読み、動き方を考え始めておくこと）

❺オリーブオイル大さじ3を鍋に入れる。まだ火はつけない。
▶▶ 10秒

❻にんにくは皮を剥き、みじん切りにして鍋に入れ、火力2でゆっくり香りを出す。
▶▶ 2分（みじん切りにして火にかけるまでで2分）

みじん切り　P15

❼にんにくが焦げ茶色にならないよう注意しながら、ソフリットを作る。

「ソフリット」とは、玉ねぎ、にんじん、セロリなどを油で炒めて水分を飛ばし旨味を凝縮させた物で、煮込み料理、ソース、パスタなどに使える。イタリア料理では万能調味料のような存在。たくさん作って小分けにして冷凍しておくと、いろいろ使える。「ソフリット」の言葉の意味は「低温で揚げる」。

玉ねぎ、にんじん、セロリの皮を剥いてみじん切りにする。丸のままだと分かりにくいが、みじん切りにしたら野菜の比率は3対2対1くらいになるようにする。その比率が基本だと思ってくれれば多少好みで変わっても問題はないが、セロリは香りが強いので多くなりすぎないようにした方がいい。
▶▶ 8分（8分くらいを目指してほしい。水田でも急いで3分、普通にやれば4分はかかる）

❽みじん切りにした野菜を鍋に入れたら塩小さじ2を加えて、きちんと底の方からかき混ぜて全体にオリーブオイルとなじませ、火力7にして2分くらい炒める。塩を加える意味は味つけもあるが、素材から水が出やすくなるので、水分を飛ばして旨味を凝縮させるのを早めるためでもある。
▶▶ 2分

❾ローリエを鍋に入れ、一緒に炒める。これでローリエの香りが野菜に移る。
▶▶ 10秒

❿火力4にして、さらに炒める。このときの火力は、30〜40秒くらい放ったらかしでも焦げつかないくらい。そのまま焦がさないよう20分炒める。水分がなくなってくると焦げやすくなるので、だんだんかき混ぜる頻度を増やすこと。そんなにつきっきりで見られない人は、火力2にすれば3分に1回混ぜるくらいでもいいが、時間は50分くらいかかる。
▶▶ 20分（50分）

⓫❿を皿やボウルやタッパーなどに取り出す。これがソフリット。
▶▶ 20秒

⓬ソフリットを作っていた鍋（もしくはフライパン）で引き続き肉を焼くので、拭くか、軽く洗って水気を拭いておく。
▶▶ 20秒

コンロがもう一口あるなら、ソフリットを作りながら別のフライパンで肉を焼いていってもいい。レシピの工程でいうと⓭〜⓲まで。その場合、肉をこねている間は野菜の鍋の方は数分触れなくなるので、ソフリットの鍋は火力2にしておく。

⓭ボウルなどで、肉、塩小さじ1と1/2、黒こしょう、あればナツメグを加えて混ぜる。10〜15回くらいこねればいい。塩を加えてこねるのは、肉同士を結着させて、少しかたまった状態で焼きたいから。次の工程に移る前に手を洗う。
▶▶ 2分

⓮フライパンにオリーブオイル大さじ1をひいて火力7で温め、十分熱くなったら肉を平たく伸ばすように入れる。薄い大きいハンバーグを焼くイメージ。焼くときは火力6にする。このときに手を汚さず、ヘラなどで肉をフライパンに入れて伸ばせるといい。後で肉はほぐしていくので、キレイな真っ平に伸ばす必要はない。この⓮の工程で肉を直接触らなければ手を洗う時間も省ける。
▶▶ 1分30秒

⓯肉にしっかり焼き目をつける。よく焼くと旨味が出るし、臭みも飛ぶから。
▶▶ 2分30秒

肉を最初からほぐさないのは、ある程度かたまりで焼いてからほぐすと焼き加減が場所によって変わるし、ほぐれ方にも大小のちがいが出て、口の中でより複雑な味わいになっておいしいから。
最初から完全にパラパラにほぐすと水分がたくさん出て、焼き目をつけにくくなる。かといってぶ厚いかたまりで焼くと中の方が蒸されたような状態になり、臭みがなかなか抜けない。結果、長時間煮込まないといけなくなる。そうすると、今度は肉がパサパサになる。

⓰肉に茶色や焦げ茶色の焼き目がついたら、ほぐしながら裏返して反対側にも焼き目をつける。この時点で中の方がまだ赤くて生でも、ほぐしながら焼くことで火が通るので問題ない。
▶▶ 2分

⓱⓰に赤ワインを加え、水分がほぼなくなるくらいまで煮詰める。グツグツしてたのが、端の方が水分と脂でパチパチと音がし出したら、ほぼ水分はなくなってる。カラカラになるまで水分を飛ばすのはやりすぎ。
▶▶ 2分

⓲ヘラで鍋底をこそいで鍋に焦げついた（ここでいう「焦げ」は、黒く焦げた状態ではなく焦げ茶色くらいまで）旨味をこそいで煮汁に溶かし込む。
▶▶ 10秒

⓳肉と野菜を同じ鍋に煮汁ごと合わせ、トマト缶（カットされてなければ手で潰して）を入れる。このとき、缶の中にトマトの汁が残っているのがもったいない。水（分量外）を缶の1/5くらい入れ、中の煮汁を洗うようにして鍋に入れて火力7にする。
▶▶ 60秒

この水は、缶の中のトマトの汁がもったいないという理由だけで入れているわけではない。これから煮詰めるのになぜ水を足すのか。水分が少ないと食材から味が出にくい。少し水で薄めてから液体の中で煮込むと、味が出やすい。そうするといろんな食材から出た味が一体化した状態で煮詰めることになるので、味がまとまった状態で濃くしていける。要するに、この方がおいしい。

⓴塩小さじ1/2、砂糖、ケチャップ、ウスターソースを入れる。
▶▶ 60秒

㉑グツグツ沸くまでは火力6〜7で、鍋底が焦げないようときどき混ぜながら煮込む。グツグツもしくはポコポコ沸き出したら火力3にして、焦げないようにたまに混ぜながら25分煮る。鍋底が焦げて黒いのが出てきたら台無し。焦げ茶色まではいい。絶対に、黒く焦がさないこと。
▶▶ 27分（湧いてから25分）

25分の使い方	
最初の10分	5分に1回5〜10秒、ヘラをきちんと底にあてて混ぜる
次の10分	3分に1回5〜10秒、ヘラをきちんと底にあてて混ぜる
次の5分	1分に1回5〜10秒、ヘラをきちんと底にあてて混ぜる

㉒味見をして足りなければ塩（分量外）を足して、塩味を調節。ここからすぐパスタ

と和えてもおいしいし、一度冷めると味が落ち着いて、それはそれでおいしい。

ミートソースパスタ

かかる時間 **7分**（湯を沸かす時間は入れない）

パスタは食感がすごく大事なので、麺が伸びてしまわないように、ゆで上がってからの工程はスピーディに。コンロが2口以上あるなら、パスタをゆでている間に、㉔、㉕はやっておくと焦らなくていい。

㉓パスタをゆでる。大きめの鍋にたっぷり湯を沸かして、塩を入れる。鍋（もしくはフライパン）でソースと和えながら熱が入ることも考えて、ゆで時間は袋に書いてある表示より1分早めに上げる。1.6mmのパスタは7分が標準のゆで時間の物が多いので、ここでは6分で湯から上げる。このときにゆで汁を全部捨ててしまわないように。
▶▶ 6分（湯を沸かす時間は入れない）

㉓の間に

㉔鍋（もしくはフライパン）にミートソースを入れて温め、パスタのゆで時間が残り3分になったらゆで汁大さじ3（分量外）を入れて、火力5で1分30秒煮る。
▶▶ 2分

㉕生クリーム（バターでも可）を加えてかき混ぜて溶かす。ここまでをゆで時間内にすませること。
▶▶ 10秒

㉖ゆで時間が終わったら、パスタを湯から上げてソースのフライパンに加え、しっかり全体に絡まるよう混ぜる。このときに焼きそばくらい水分がなくなっているようなら、ゆで汁を大さじ1〜2（分量外）を加えて混ぜる。
▶▶ 25秒

㉗皿に盛って、上からパルメザンチーズ（あればパルミレッジャーノ・レッジャーノのかたまりを削るのがおすすめ）をかける。
▶▶ 25秒

㉘黒こしょう、EXオリーブオイル、刻んだパセリをかけて完成。
▶▶ 10秒

45

ミートソースでもう一品

ミートソースごはん

かかる時間
3分10秒

[材料：1人分]
ミートソース……大さじ5
卵……1個
温かいごはん……茶碗に軽く1杯分
濃口しょうゆ……小さじ1
塩……ひとつまみ
オリーブオイル
（バター5gでも可）……小さじ1

[作り方]
❶ミートソースとしょうゆを耐熱容器に入れて混ぜる。ラップをして600wの電子レンジで2分、熱々に温めておく。
▶▶2分30秒

レンチンしている間に

❷フライパンにオリーブオイル（好みでバターにすると、コクが増す）をひき、火力5で30秒温める。
▶▶30秒

❸フライパンを温めている間に卵を容器に割って塩を入れ、菜箸などで溶きほぐす。
▶▶30秒

❹フライパンが温まったら卵をフライパンに入れ、菜箸（ヘラでも可）で混ぜながら加熱してスクランブルエッグを作る。まだ少しトロトロすぎるかなというくらいで火を止める。この後、ごはんやソースを盛りつけている間に余熱で火が入って、かたまってくるから。
▶▶30秒

❺皿にごはんを盛りつけて、①のミートソースを電子レンジから出してごはんにかける。
▶▶30秒

❻スクランブルエッグの底の方がかたくなっているので、今一度、菜箸（ヘラでも可）でかき混ぜてからミートソースの横に盛りつけて完成。
▶▶10秒

こんなおいしいミートソースはごはんにかけたっておいしいに決まっている。でもせっかくならもっとごはんに合わせたい。ほんの少ししょうゆを加えるだけで、ごはんとの距離がぐっと縮まる。ごはんにしょうゆときたら、もう卵しかない。ただし卵に火を通しすぎてボソボソしてても、生っぽさが残っててもミートソースの邪魔をする。卵の「トロッと加減」はミートソースと合わせるのがベストだ。

ミートソースでもう一品

なすの
ミートソース
グラタン風

かかる時間 **9分**

なす好きがミートソースを作ったら合わせないわけがない。となるとグラタンだ。でもオーブンで焼くのが面倒な日もある。オーブン可の耐熱皿を用意しないといけないし、耐熱皿に焼き焦げついたチーズは水か湯にしばらく浸けてからじゃないと落ちない。だからといってチーズの焼けた香ばしさは諦めたくない。なのでフライパンでもチーズが焼けるように考えたのが、このやり方だ。

[材料：1人分]
ミートソース……大さじ5
なす……1本
シュレッドチーズ……大さじ3～4
パルメザンチーズ……小さじ1
塩……ひとつまみ
オリーブオイル（ごま油以外の油でも可）……大さじ1
パセリみじん切り（あれば）……適量

[作り方]
❶なすは1cm弱幅の輪切りにする。
▶▶30秒
輪切り P15

❷フライパンにオリーブオイルをひいて、火力5で30秒温める。
▶▶30秒

❸なすをフライパンに並べて塩を振り、両面焼く。
▶▶4分

❸の間に

❹ミートソースは耐熱容器に入れて600Wで1分半レンチン（要は電子レンジOKの皿とか耐熱ガラスボウルとかタッパーに入れてチン）。
▶▶1分50秒

この後、フライパンでも加熱するので完全にムラなく熱々にしなくてもいいが、冷たいままだとフライパンで温めるのに時間がかかるので、電子レンジで温める。

❺なすが油でコーティングされツヤツヤでやわらかくなったら（なすの生のときのスポンジ感がなくなって、中心まで汁を含んだかのようなやわらかさ）、なすをフライパンの片方に少し寄せてフライパンの鍋底の面積を3割くらいあけておく。
▶▶20秒

❻なすの上にミートソースを広げる。火加減は火力4にする。
▶▶30秒

❼ミートソースの上からシュレッドチーズの7割ほどを振りかける。このときに、フライパンのあけておいた何もないスペースにパルメザンチーズをしいて、その上から残りのシュレッドチーズをかけて、引き続き火力4で焼く。
▶▶40秒

ここでカリカリのチーズを作る。なので蓋はしない。

❽蓋をしないのでソースの上のチーズがトロトロになるまで少し時間はかかる。チーズがトロトロになってサイドのチーズも底面がカリッとしてきたら、ヘラでサイドのチーズをひっくり返してソースの上にのせる。
▶▶2分

❾チーズがのっているので、上下がひっくり返らないように注意して皿に移したら完成。好みでパセリを振ると、彩りだけでなく香りのアクセントにもなるので、味の濃い肉料理を食べていても舌が飽きない。
▶▶30秒

P62 厚揚げの炒め物

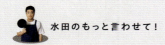
水田のもっと言わせて！

白だしを知らなかった

　恥ずかしながらつい最近まで「白だし」という商品を知らなかった。調べてみたら、白だしというのはそれだけで料理の味を決めることもできるし味つけのベースとしても使えるらしい。かつおや昆布のだしにみりん、白しょうゆや薄口しょうゆを加えて作られた調味料で、だしも干ししいたけやいりこ、鶏だしなんかのタイプもあるらしい。めんつゆほどはしょうゆの風味と甘味は強くないらしく、素材の味を際立たせたいときや色をつけたくない料理のときに使うようだ。この上なく便利な調味料だ。

　もともと僕はこういう「これさえあれば味が決まりますよ」という商品を使わないようにしていた。若い頃の僕は「すき焼きのタレなんか使い出したら日本中の家庭のすき焼きがみんな同じになってしまうやん？　砂糖としょうゆがあるんやから自分で味を決めたらええやん」と思っていた。実に視野の狭い人間だ。

　15年くらい前だろうか。劇場でのお笑いライブで料理の得意な芸人が2〜3人出てきて、1品ずつ得意料理を作って誰の料理がおいしそうか、でき上がりまでを見て、他の芸人たちが投票して選ばれた者が勝者、料理を食べてもらえるという内容のコーナーがあった。そこでめんつゆを使った芸人の料理に負けた僕は「なんでイチから味つけしてない奴の料理に負けなあかんねん。というか作ってるとこ見てたら俺の料理の方がおいしいの分かるやろ」と怒って、通常なら全員が参加するはずのエンディングに出演せずに帰ったこともあった。周囲も芸人だからおもしろがってくれたが他の職場ならアウトだ。

　今では、白だしやめんつゆのような調味料のおかげで助かってる人たちがたくさんいることも、誰が作っても同じ味になんかならないことも分かっている。だからネットや本でそういうレシピを見ても「へー、なるほど、そんな使い方が？　簡単でおいしそう」と感心する。ただ、その調味料には何が入ってるのか、なぜその味になるのか理解してから使うべきだと思う。「なんか分からんけど入れといたらおいしい」だけでは、腹は満たされるが料理をする楽しさや達成感はかなり薄味だ。白だしやめんつゆ、いろいろな調味料で自分がおいしいと思う自分だけの味をつける。その積み重ねが家庭の味になるんだと思う。

「キャベツ」

炒め物やスープなどで加熱しても、サラダやせん切りなどにして生でも、和洋中いろいろなレシピでも。キャベツは、どう食べてもおいしい野菜の一つだ。1玉買えば、手を変え品を変え、いろいろな料理に活躍する。

回鍋肉
ホイコーロー

かかる時間 16分20秒

　高校を出てすぐに一人暮らしをして、初めてイチから本で調べて料理したのが回鍋肉だった。炊きたてのごはん2合はすぐなくなり、「家でこんなに旨い物が作れるなんて！」と感動した。今思うと脂っこいし、野菜はクタクタ、豆板醤や甜麺醤の香りも全然出てない下手な料理だったが、にんにく、甘味噌、豚肉の組み合わせなんて18歳男子は大好きに決まってる。ポイントは野菜を炒めすぎないこと。炒めすぎた失敗と炒め方が足りない失敗なら、炒め方が足りない失敗の方がいいくらいだ。味つけと同じくらい野菜の炒め具合、つまり食感も大事に考えて「シャキッ」と「クタッ」の間を狙ってほしい。それが大人の回鍋肉だ。

[材料：2人分]
豚バラ薄切り肉……120g
キャベツ……1/4玉
ピーマン……3個
にんにく……1かけ

〈合わせ調味料〉
　甜麺醤……大さじ1
　砂糖……小さじ1/2
　濃口しょうゆ……小さじ1
　紹興酒（酒でも可）……小さじ2

豆板醤……小さじ1弱
米油（サラダ油でも可）……大さじ2

[作り方]

❶手を洗う。おそらく台所のタオル掛けには昨日から同じタオルを掛けていると思うので、清潔な物に取り替える。
▶▶ 50秒

❷キャベツは芯から外すように、クレジットカード〜パスポートくらいの大きさに手でちぎる。小さすぎると、すぐに火が通ってクタクタになったり、焦げやすくなったりするので気をつけること。芯の部分は薄切りにするか、手で折り潰すようにして小さくしてもいい。全てボウルに入れておく。
▶▶ 1分30秒（水田 50秒）

❸ピーマンは縦にして、ヘタのある中心から少しずれたところに包丁を入れて下まで切る。こうすると種がキレイに取れる。これをあと2回繰り返せば、1個分のピーマンから簡単に種とヘタが取りのぞける。

種と白い部分（ワタ）は青臭さはあるが栄養豊富なので、苦手じゃなければ取りのぞかなくてもいい。水田は味と見た目と栄養の観点から、半分くらい残している。つまりいまだにどうするか迷っている。

種には栄養がつまってる

切ったピーマンがまだ少し大きければ、さらに斜め半分に切る。目安は中サイズのピーマン1個から4〜5切れ作るくらい。切ったらキャベツと一緒にしておく。
▶▶ 1分30秒（水田 40秒）

❹キャベツとピーマンの入ったボウルに水（分量外）を入れ、軽く洗って水を捨てる。野菜をボウルの中で洗うときは、軽い物は浮かぶが土や砂は底に沈むので、水を捨てるときに残らないよう気をつけて見ること。
▶▶ 20秒

❺にんにくは皮を剥き、みじん切りにする。
▶▶ 60秒（水田 40秒）
みじん切り P15

❻肉は4〜5cm幅に切って、何かに移し、包丁とまな板を洗う。①〜⑥にかかる時間は、水田のイメージの中で「僕のようには無理でも、テキパキやればこのくらいの時間でならできるんじゃないかな」という予想で設定している。もし難しければ、皆さんを買い被っていたことになる。申し訳ない。ぜひ水田の予想をいい意味で裏切ってほしい。
▶▶ 1分20秒

❼フライパンに油大さじ1をひいて火力7で温めたら、キャベツとピーマンを入れる。
▶▶ 60秒

❽油と混ぜ合わせるように、菜箸（トングでも可）を使って2分くらい炒める。この最中に、ボウルに残った水分を布巾などで拭き取る。
▶▶ 2分

このときに野菜がある程度濡れているので、その水分で蒸しながら炒めているような状態になる。これにより均一に熱が入りやすく、しかもシャキッとした食感を残したまま炒めることができる。水分と強めの火力が大事。

❾野菜が油をまとってテカテカして、5〜6割火が通ったら、ボウルに取り出しておく。後でもう一度炒めるので、この時点ではまだかたそうでも大丈夫。
▶▶ 20秒

❿フライパンに油大さじ1を足して、火力5にして肉を入れる。肉をほぐして片面をしっかり焼く。
▶▶ 2分

⑩の間に

⓫豆板醤以外の調味料を小さいボウルかうつわに合わせておく。
▶▶ 60秒

合わせ調味料を作るときは、計量スプーンから離れやすい物からはかること。粘度の高い物、たとえば味噌やオイスターソースやはちみつは、合わせる容器に入れてもスプーンにけっこう残ってしまう。それによって、次にはかる調味料がきちんとはかれない。「粉末状の物→サラッとした液体→粘度の高い液体」の順にはかるといい。

⓬肉に焼き目がついて脂がしっかり出てきたら裏返す。
▶▶ 20秒

⓭火力4にして、フライパンの中の肉の脂が溶け出したところににんにくを入れ、さらに炒めて香りを出す。
▶▶ 60秒

⓮にんにくのいい香りが出てきたら豆板醤を入れ、油になじませる。豆板醤は焦がしてはいけないが、焦げる手前くらいまでしっかり焼くと香りと味がすごくよくなる。
▶▶ 1分30秒

⓯豆板醤がなじんだら、合わせ調味料も入れてしっかり肉と絡める。ここで入れた調味料は焦げるほど炒めると風味が飛んでしまうので、肉にしっかり絡んでアルコール臭さが飛べばいい。加熱するのは20〜30秒。
▶▶ 40秒

⓰⑨の野菜をフライパンに戻したら、火力8にして、野菜に肉の脂と調味料がなじむように全体に混ぜ合わせながら60秒くらい炒める。皿に盛れば完成。
▶▶ 60秒

56

キャベツでもう一品

キャベツがもりもりすすむ
カリカリベーコンのマスタード

サラダ

かかる時間 **11分50秒**

料理をあまりしない人や一人暮らしの人がキャベツを1玉で買うと、一週間経ってもまだ冷蔵庫に居座ってたりする。「水田さんの本を買ってからキャベツがすぐなくなるんです！」と言われたい。このサラダは実家で姉が作ってくれた。キャベツのせん切りは口の中に刺さって痛いが、これはほどよくしんなりして口の中が痛くならないので大好きだ。

[材料：2〜3人分]
キャベツ……1/4玉
ベーコン（スライス）……60〜80g

〈合わせ調味料〉
　にんにく（すりおろす）……1/2かけ
　濃口しょうゆ……小さじ1弱
　粒マスタード……小さじ1
　レモン汁……少々

オリーブオイル……小さじ2
黒こしょう（好みで）……適量

[作り方]

❶ キャベツは切りやすいかたまりにばらし、せん切りにする。
▶▶ 4分
　せん切り　P14

❷ キャベツをボウルなどに入れた冷水（分量外）に2分さらす。
▶▶ 2分30秒

キャベツを水にさらしている間に

❸ ベーコンは3mm幅くらいの細切りにする。
▶▶ 40秒（キャベツのまな板をサッと拭いて、別の肉用のまな板に替えてからの時間も含む）
　細切り　P15

❹ フライパンにオリーブオイルをひき、ベーコンを入れて菜箸（トングでも可）でほぐし、最初の1分は火力5で焼く。
▶▶ 1分20秒

❺ ベーコンを焼いている間に、キャベツをザルに上げておく。
▶▶ 20秒

❻ 火力3にして、ベーコンからじっくり脂を出す。
▶▶ 3分

❼ にんにく、しょうゆ、粒マスタード、レモン汁をはかって、ボウルなどに合わせておく。
▶▶ 1分30秒

❽ フライパンに合わせ調味料を入れ、10秒ほど全体を混ぜて火を止める。
▶▶ 10秒

❾ 皿にキャベツを盛り、熱々のうちに⑦をかけて完成。好みで黒こしょうをかけてもいい。混ぜながら食べるとキャベツがしんなりして、よりおいしくなる。
▶▶ 20秒

キャベツでもう一品

和風ミネストローネ

かかる時間 **24分20秒**

副菜まで作るのは大変。でも野菜も摂りたい。朝昼晩、連日でも和食でも洋食でも、体調を崩してるときでも食べられる味にしたい。かつおだしとトマトを入れることでどんな料理にも合う。水田家の定番だ。

[材料:作りやすい量]
キャベツ……1/4玉
玉ねぎ……1/2個
にんじん……1/3本
トマト……1個
かつおだし(なければ水800mlと市販のだし小さじ1でも可。野菜からもだしが出るので、市販のだしの量は表示されているよりも少し少なめか半分くらいでもいい)……800ml
塩……小さじ1/2
薄口しょうゆ……大さじ1
みりん……大さじ1
米油(サラダ油でも可)……大さじ1

※野菜は、その日に冷蔵庫に余っている野菜でも可。水田はブロッコリーの芯やなすもよく入れる。

[作り方]

❶キャベツはだいたい1cm角に切る。
▶▶ 1分20秒

❷玉ねぎもだいたい1cm角に切る。
▶▶ 60秒

❸にんじんは1cm角の棒状に切ってから、2mm幅くらいの薄さに切る。薄く切るのはにんじんは火が通りにくいから。
▶▶ 2分(ここまでで4分20秒、慣れてきたらこの時間でできると思う。水田は2分30秒)

❹鍋に油をひいて、火力4でにんじんを2分炒める。
▶▶ 2分

❺キャベツと玉ねぎも加え、ときどき混ぜ合わせながら4分炒める。
▶▶ 4分

❺の間に

❻野菜を炒めている間に、トマトはだいたい1cm角に切って、何かに移しておく。
▶▶ 60秒

❼包丁とまな板を洗う。
▶▶ 60秒

❽だしを用意する。
▶▶ 30秒

❾鍋にだしを入れ、火力7にする。沸いてきたらトマトとみりんを入れて火を調整し、コトコト(P36豚汁参照)10分煮込む。
▶▶ 13分(だしを入れてから沸くまでに3分かかると想定して)

❿塩としょうゆを入れて60秒煮込んだら完成。
▶▶ 60秒

厚揚げ

豆腐の仲間ながら食べ応えのある厚揚げ。レシピによってはメインディッシュにもなる。炒め物の場合はリーズナブルな物でいいが、「厚揚げ焼き」でシンプルに食べる場合は、ちょっといい物を選ぶとおいしさが段ちがいだ。

厚揚げの炒め物

かかる時間
15分30秒

青菜なしでも
旨いは旨い！

　「たくさんの肉は入れられないし野菜もけっこう高い、でもボリュームはほしい！」そんなとき助けてくれたのが、スーパーで買う安い厚揚げだった。炒めても縮まないし、豆腐みたいに崩れないし、揚げてあるから食べ応えもある。でも肉と厚揚げだと茶色ばっかりだ。彩りだって少しは気にしたい。小松菜やほうれん草などの葉野菜は、安いときは1袋100円で買えた。その中の1〜2株だけでいい。葉野菜を入れると味にアクセントが出て食べ飽きないし、彩りがいいと食欲も湧く。お金はなかったけど、「味、栄養、見た目の点でも僕は諦めない。緑の野菜も入れてるぞ」というプライドのために必ず入れていた。誰に伝えるわけでもなく自分でそう思ってれば満足だった。やはり尖っていたのだろうか。

[材料：2人分]
厚揚げ……1パック（130g）
豚バラ薄切り肉（豚こま切れ肉でも可）……150g
小松菜……2株（根っこの数で2つ分）

〈合わせ調味料〉
　味噌……大さじ1/2
　みりん……大さじ1
　濃口しょうゆ……大さじ1/2
　砂糖……小さじ1

酒……小さじ2
塩……2つまみ
ごま油……小さじ2
米油（サラダ油でも可）……小さじ2

1袋100円なら入れるべき

[作り方]
❶手を洗う前に、使う道具や段取りを頭に入れておく。なるべく料理中に本やスマホを触って確認しなくていいように。それだけで手を洗う回数を減らせる。手荒れを少しでも防げる。タオルも必要以上に濡らさなくてすむので、早く乾く。雑菌の増殖も最小限に抑えられる。段取りがいいというのは料理においてプラスでしかない。特に炒め物は、炒め始めるとスピードが大事になる。ということで、まずは手を洗う。
▶▶50秒

❷手を洗ったら、小松菜の根の部分を1cm弱ほど切り落として、軽く洗ったら4cm幅に切り、水気を切る。根元を切ってばらしてからの方が、土がついていても洗い落としやすい。水気を切るのも、長いままより短く切ってからの方が切りやすい。説明の順番にも意味がある。
▶▶3分（当然、水田はもっと早い）

❸ちょうどいい大きさのうつわかボウルに、合わせ調味料をはかって混ぜ合わせ、砂糖と味噌を溶かしておく。
▶▶2分（もちろん水田はもっと早い）

❹フライパンに油をひく。まだ火はつけない。
▶▶10秒

❺肉をクレジットカードの半分くらいの大きさに切る。クレジットカードを持ったことがない人は、一般的な名刺の半分くらいのサイズで。名刺を作ったりもらったりしたことがない人は、だいたい4cm×5cmくらいで切る。意識してほしいのは、肉は必要な分だけまな板の上に出しておいて、余った分は先に冷蔵庫にしまう。そして冷蔵庫にしまうときに、生肉を触った手で冷蔵庫に触れないこと。
▶▶2分（水田は早い）

❻肉をフライパンに入れて、手を洗う。
▶▶60秒

❼肉に塩ひとつまみを振り、片面に焼き目がつくまで火力5で焼く。肉がかたまっていたら最初に菜箸（トングでも可）でほぐす。
▶▶2分30秒

❼の間に

❽肉を焼いている間に包丁とまな板を洗う。
▶▶50秒

❾厚揚げを横半分に切って、さらに縦に1cm間隔で切る。
▶▶30秒

64

⑩片づけられる物は片づけて、フライパンから盛りつけやすい位置に皿を置いたりテーブルに箸を用意したり、できることをしておく。
▶▶ 1分10秒

⑪肉に焼き目がついたらひっくり返し、酒を振りかけ、フライパンの片側に寄せてあいたスペースに厚揚げを入れて焼く。
▶▶ 1分30秒

⑫厚揚げをひっくり返し、肉は火が通ったら皿などに取り出す。火力7にしてフライパンのあいたスペースに小松菜の茎の部分を入れ、少しだけしんなりするまで一緒に炒める。

▶▶ 60秒（厚揚げをひっくり返して肉を取り出すのに20秒、小松菜の茎を炒めるのに40秒のイメージ）

⑬茎の部分が少ししんなりしてきたら、葉の部分と塩ひとつまみを入れて炒め合わせる。
▶▶ 30秒

⑭肉をフライパンに戻し、合わせ調味料を入れて混ぜながら30秒炒める。
▶▶ 40秒

⑮ごま油を回しかけ、軽く混ぜ合わせたら皿に盛って完成。
▶▶ 20秒

居酒屋で必ず注文するのが南蛮漬け。お通しが南蛮漬けでも、改めて注文する。2冊目の本を出したとしても、また載せるかもしれない。それくらいファンだ。薄口しょうゆで作るレシピが多いが、僕は濃口しょうゆで作ってごはんと食べるのが好き。

厚揚げでもう一品

厚揚げとなすの南蛮漬け

かかる時間 **14**分

[材料：2人分]
厚揚げ……1パック（130g）
なす……2本
玉ねぎ……1/2個
にんじん……1/4本

〈南蛮酢〉
　だし……大さじ5
　酢……大さじ3
　濃口しょうゆ……大さじ2
　砂糖……大さじ2

唐辛子（乾燥タイプ）……1本
米油（サラダ油でも可）
　……大さじ1

[作り方]
❶玉ねぎとにんじんは皮を剥き、2mm幅くらいの細切りにして、耐熱容器やボウルに入れておく。
▶▶2分

細切り P15

❷厚揚げは横半分に切って、さらに縦に1cm間隔で切る。フライパンに油をひき、火力4で両面2分ずつ焼く。
▶▶4分30秒

❸厚揚げを焼いているフライパンに南蛮酢の材料と唐辛子を入れ、火力4で沸かして60秒煮る。煮たら、①の耐熱容器に入れておく。
▶▶2分

❹なすは輪切りで半分に切ってから、4〜6等分のくし切りにする。
▶▶30秒

❺フライパン（鍋でも可）に油をひき、なすの皮目（皮がついている側のこと。この言い方は、肉や魚でもする）を下にして火力5で焼く。
▶▶2分30秒

❻菜箸などで触ってなすの皮がやわらかくなったら倒して、果肉部分は2分くらい焼く。
▶▶2分

❼全ての面が焼けたなすを③の厚揚げと南蛮酢の容器に入れて優しく混ぜ合わせる。皿に盛って完成。
▶▶30秒

冷めると厚揚げがかたくなるので、すぐに食べるのがおすすめ。厚揚げなしで、野菜だけだったり、魚や鶏肉を一緒に入れてる場合は、冷めてからでも味がしっかりなじんでおいしい。

厚揚げでもう一品

厚揚げ焼き

かかる時間 **8分45秒**

お気に入りのちょっといい厚揚げは、割引シールが貼られていたら迷わず買う。しょうがをすりおろす、青ねぎを切る。これだけ。でもこれこそが大事。自分で用意した薬味は香りが段ちがいだ。シンプルな物こそ「お店より安く、お店よりおいしく」。

[材料：1〜2人分]
厚揚げ……1パック（130g）
しょうが……1かけ（親指の第一関節くらいの大きさ、親指が大きい人は中指の第一関節でもいい）
青ねぎ(小口切り)……大さじ1強
濃口しょうゆ……小さじ2

[作り方]

❶厚揚げは、アルミホイルをしいた魚焼きグリルかオーブントースターで3分半、裏返して3分半、計7分焼く。グリルの場合は火力5〜6で、トースターの場合は200度。分厚いタイプの厚揚げなら片面1分ずつ長めに焼く。
▶▶ 7〜9分

❶の間に

❷厚揚げを焼いている間にしょうがを皮ごとすりおろす。
▶▶ 2分

❸青ねぎの小口切りを冷蔵庫に常備していない場合は、必要な分だけ2〜4mm幅で小口切りにして水（分量外）にさらす。
▶▶ 2分30秒（水田は青ねぎの小口切りを常備しているので0秒。切るとしても、水田は冷蔵庫から青ねぎを出して切ってさらすまでに45秒。でも急いで手を切ったら危ないので、皆さんは余裕をもって2分30秒くらいかけていい）

小口切り P14

❹小皿にしょうゆを入れておく。
▶▶ 15秒

❺厚揚げが焼けたら取り出して、6〜8等分に切って皿に盛る。
▶▶ 30秒

❻青ねぎを水にさらしているなら水気をよく切って、しょうがと一緒に厚揚げにのせて完成。
▶▶ 15秒

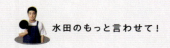 水田のもっと言わせて！

10年物のペティナイフ

　調理師学校に入ったときに買わされた包丁セットに入っていた牛刀（洋包丁）。実家で見ていた包丁の倍はあるように思えたその包丁に、ド素人の僕は「何を切るのにこんな大きい包丁がいるん？　もう剣やん！」と驚いた。そしてその牛刀と全く同じ形のまま小さくなった、まるで牛刀の子どものように可愛らしく存在していたのがペティナイフだった。それまではよく見る普通サイズの包丁がいわゆる「包丁」で、小さい包丁は果物ナイフとしか呼んだことがなかった。ペティナイフ……どこかで聞いたことあるような、ないようなその響き。料理ができる者だけが使ってそうなその響きに、牛刀よりもワクワクしたものだ。

　果物ナイフと大きさは似ているが、その切れ味は全くの別物だった。果物ナイフとちがい、小さい魚や肉を切るのにも使うペティナイフは、一人暮らしの台所で大活躍した。利点はいくつもあったが、いちばんは何といっても手軽さだ。たとえばトマトを1個切るだけでも、玉ねぎを1個切るだけでも、大きな包丁で切るのと小さなペティナイフで切るのとでは「仕事した感」がちがった。使い続けていつの間にか実感できたことだが、道具が小さいとかかる手間まで小さく感じるのだ。魚の太い骨以外は何でも切れたし、6畳1Kの狭い調理スペースでもストレスなく使えた。それからまともな広さの台所がある部屋に引っ越すまで12〜3年、自宅ではほとんどこのペティナイフだけで料理をしていた。手入れなんて1年に1、2回軽く研ぐ程度。もちろんプロが仕事で使う場合は、使用量もケタちがいだし研ぐ回数も比べ物にならないから、刃もどんどん小さくなってるだろうけど、僕はもうかれこれ20年以上使ってるが、それほどサイズも変わっていない。ということは、後30年は使えるんじゃないかと思っている。ひょっとすると、生涯使えるかもとまで思っている。

　料理が面倒くさいという人は、まず包丁を小さくするところから始めてもいいかもしれない。気をつけてほしいのは、数千円の物でも何十年と使うことになるかもしれないから、ちゃんと気に入った物を選んで買うこと。愛着が湧く道具で料理をする方がおいしくなると思うから。

玉ねぎとにんじん

割と手間のかかる「肉じゃが」は、心身共にゆとりのある日に作ればいい。すると大袋で買った方が安い玉ねぎとにんじんは余るはず。特ににんじんは切るとなぜか増える（気がする）。アレンジしておいしく食べ切ろう。

肉じゃが

かかる時間 41分20秒

　この本に載せるレシピを考えたとき、いちばん最初に思い浮かんだのが肉じゃがだ。たくさんの料理本やレシピサイトに載ってるので比べたときにこの本の特徴が伝わりやすいし、誰でも食べたことがあるので作って食べたときに成功したか失敗したか分かりやすいからだ。

　火の通り方のちがう食材を適切な大きさで切り分けること、それぞれの食材の大きさをちゃんとそろえて切ること、焼くときに気をつけるべきこと、どのくらい煮ればやわらかくなるのか、複数の作業を同時に進行させる段取りなど、必ず他の料理でも役立つようなポイントがたくさん身につく。肉じゃがは楽に作れる料理じゃない。でも正しく丁寧に作れば、きっとあなたの「自慢の一品」になる。

[材料：2～3皿分]
牛薄切り肉（部位は何でもよい。こま切れ肉でも可）……180g
じゃがいも（おすすめはメークイン。煮崩れさせたければ男爵でも可）……3個
にんじん……1/2本
玉ねぎ……1/2～1個
絹さや（スナップエンドウでも可）……小さめの1パック（6～7枚）
しらたき……1袋（100g）
だし（水でも可）……360㎖（具材の3/4が浸かるくらい）
酒……大さじ3
砂糖……大さじ2
みりん……大さじ3
濃口しょうゆ……大さじ2
薄口しょうゆ……大さじ2
米油（サラダ油でも可）……小さじ3（バターを使う場合は、米油小さじ1、バター10g）

だし（昆布とかつおの合わせだし）のとり方　P34

[作り方]

❶ 手を洗うことはもちろん、ミートソース（P40）のレシピでもそうだが、やることが多い料理は準備と段取りが大事。清潔な布巾を最低2枚は用意し、まな板や包丁を余裕をもって置けるスペースを確保する。
▶▶ 1分30秒

❷ 切った野菜や炒めた肉を入れておく容器も、すぐに取れる場所に置いておく。
▶▶ 20秒

❸ ゴミや生ゴミを捨てる場所も近くに用意しておく（ポリ袋、ボウル、ゴミ箱など、何でもいい）。
▶▶ 20秒

❹ 鍋で、しらたきをゆでるための湯（分量外）を沸かし始める。ザルも用意しておく。
▶▶ 30秒（ここまででトータル2分40秒、水田ならここまで1分50秒）

❺ じゃがいもの皮を剥いて、AirPods Proケースくらいの大きさに切る。あくまで体積の話。形まで AirPods Pro ケースみたいにしないこと。切ったら野菜用の皿に移しておく。
▶▶ 3分（水田の場合は、皮剥き1個35秒×3、切る1個5秒×3で計2分）

❻ 肉を切る。パスポート用の証明写真～クレジットカードくらいの大きさでいい。肉が厚めならもう少し小さく切る。切ったら肉を取り出しておく用の皿に入れておく。
▶▶ 60秒（パックから出したり、使わない分をラップで包んで冷蔵庫にしまう時間も含め。水田なら36秒）

❼ 肉を切った包丁とまな板は、洗剤を使って洗っておく。「肉を切ったら包丁とまな板はすぐ洗う」を習慣づけること。
▶▶ 50秒（この工程がもし30秒くらいで終わったら、それは洗い方が雑なだけ。生肉を切ったら洗剤でしっかり洗うこと。洗ってすすいでも小さな肉片がこびりついていることがある）

❽ 鍋に油小さじ1を入れ、肉をほぐして火力5で焼く。片面に焼き目がつけばいい。
▶▶ 3分

「焼き目」とは、茶色く焼き色がつくこと。香ばしい旨味が出る。濃い茶色は旨味だが黒になれば焦げて苦味になる。焼きすぎないこと。肉じゃがに使うくらいの薄切りの肉で両面に焼き目をつけると、ボロボロになったりかたくなったりしてしまうので気をつけること。

❾ 肉を焼いている間に、先にできることがあればやっておく。野菜を切ったり、調味料やだし（水）を用意したり……。

❿ 肉の片面に焼き目がついたら酒大さじ1を入れ、全体に混ぜ合わせながら、酒の水分で鍋底についた茶色い焦げ目をヘラなどでこそいで剥がす。大さじ1の酒なら30秒もすればアルコール分は飛んでいるので、肉を皿に取り出す。黒くなった焦げは苦味だが、そうなる前の茶色い焦げ目は旨味なので、確実にこそいで肉と一緒にしておくこと。
▶▶ 30秒

⓫ 肉を取り出した後の鍋に、油小さじ2もしくはバター10gを熱して、火力3～4でじゃがいもを炒める。ここでバターを入れるのはコクをプラスするためなので、肉から脂がけっこう出ていると感じたら油だけでいい。

煮崩れしないように周りを焼くので、じゃがいもの表面全体が油でコーティングされたらあまり触らなくていい。一面が焼けたと思ったら転がすくらいでいい。
▶▶ 4分

⓫ の間に

⓬ じゃがいもを炒めている間に、にんじんは皮を剥き、親指の第一関節くらいまでの大きさで乱切りにする（女性の親指もしくは男性なら手が小さめの人の親指。当然、足ではなく手の親指）。この間もにんじんだけに集中しすぎず、じゃがいもが焦げないように、触らなくていいが確認する。
▶▶ 50秒

乱切り P15 ▶

⓭ 玉ねぎの大きさに関わらず、皮を剥き、6～8等分のくし切りにする。
▶▶ 50秒

くし切り（くし形切り） P14 ▶

⓮ 玉ねぎとにんじんを、じゃがいもを炒めている鍋に入れて一緒に炒める。
▶▶ 10秒

⓯ しらたきは適当な長さに2～3回切ってから、30秒くらいゆでる。ゆでている間にまな板を洗う。ここでまな板と包丁を片づけられる。
▶▶ 60秒

なぜゆでるかというと、しらたきの臭み（アク）を抜くため。ただ、最近のしらたきはあまり臭みがないので、沸騰してから30秒くらいでいい。

⓰ しらたきをザルに上げて水気を切っておく。
▶▶ 10秒

⓱ 肉を鍋に戻して、だし（水でも可）、しらたきを入れる。火力7にして沸騰してきたら酒大さじ2、砂糖、みりんを加え、火力4で7分煮る。アクが出たら取って捨てる。アクを取るときに浮いてきた脂は旨味なので取らないようにする。
▶▶ 10分（沸騰するまでに3分かかるとして）

⓱ の間に

⓲ 絹さやは1%の塩分濃度の湯（分量外）で1分ほど塩ゆでしてから、冷水で冷やして、水気を取っておく。スナップエンドウの場合のゆで時間は2分～2分半。
▶▶ 60秒

200mlの水なら2gの塩、300mlの水なら3gの塩を加えると、塩分濃度1%になる。ちなみに塩はひとつまみで約1gである。

⓳ 濃口しょうゆと薄口しょうゆを入れて、火力3で15分煮る。
▶▶ 15分

⓳ の間に

⓴ 煮ている間に洗い物があればすませて、周囲も拭いてキレイにする。できてからすぐ食べるなら、皿や箸、飲み物など、食べるための準備をこの時間にしておく。

㉑ じゃがいもに竹串（爪楊枝、それもなければフォークでも可）を刺して、軽い力でスッと通れば大丈夫。
▶▶ 20秒

㉒ 絹さや（スナップエンドウでも可）を入れて60秒煮たら、火を止めて完成。
▶▶ 60秒

玉ねぎとにんじんでもう一品

キーマカレー

かかる時間
29分20秒

　夏にキーマカレーが食べたくて作るようになって、生の青唐辛子を使ってみたら爽やかな辛さにやみつきになった。スパイスも、クミン、コリアンダー、カレー粉の3種類で十分だ。3つ買いそろえるのも大変という人は『S&B』の赤缶だけでもいい。もともと一般的なレシピより野菜は多めにしてるけど、さらにピーマンの角切りを最後に炒め合わせるのも僕は好き。まぁ、なんせ青唐辛子だ。

[材料：作りやすい量]
豚ひき肉……400g
卵……1人分あたり1個
温かいごはん……1人分あたり茶碗1杯分
青唐辛子……3〜4本（青唐辛子がどうしてもなければ、チリパウダー小さじ2〜3でも可）
玉ねぎ……1個
にんじん……1/2本
トマト……1個
にんにく……1かけ（親指の第一関節までくらいの大きさはほしい）
しょうが……にんにくと同量
トマトケチャップ……大さじ2
水……150㎖
塩……6つまみ
米油……大さじ3と小さじ2

〈ミックススパイス〉
コリアンダー……小さじ5
クミンパウダー……小さじ4
カレー粉……小さじ2（コリアンダーとクミンがなければカレー粉は小さじ8〜10）
塩……小さじ2

[作り方]
❶青唐辛子はなるべく薄く小口切りにする。小皿か何かに入れておく。青唐辛子の成分がついている手で不意に眼を触ったりするととんでもないことになるので、手を洗う。
▶▶60秒
小口切り P14

❷にんにくは皮を剥き、みじん切り。しょうがは皮のまま、みじん切りにする。青唐辛子とは別の小皿か何かにまとめて入れておく。
▶▶3分30秒
みじん切り P15

❸玉ねぎは皮を剥き、みじん切りにする。ボウルか何かに入れておく。
▶▶2分
玉ねぎのみじん切り P14

❹にんじんは皮を剥き、みじん切りにする。玉ねぎと一緒にしておく。
▶▶1分30秒

❺鍋（フライパンでも可）に油大さじ3をひいて青唐辛子を入れ、火力3で焦がさないように、シュワシュワと気泡が出てくるまでゆっくり炒める。
▶▶2分

❻シュワシュワと気泡が出てきたらにんにくとしょうがを入れ、生っぽくないいい香りが出てくるまで炒める。
▶▶2分

❼玉ねぎとにんじんを入れ、塩3つまみを振り、火力4で混ぜ合わせながら炒める。
▶▶5分

❼の間に

❽炒めている間にトマトは1.5cm角くらいに切る。後で潰しながら炒めるので、大きさはだいたいの目安。切ったら、ボウルか何かに入れておく。
▶▶60秒

❾作り慣れるまでは、野菜が焦げないように30秒に1回くらいのペースで混ぜながら炒める。

❿玉ねぎとにんじんを炒めながら、スパイスと塩をはかってミックススパイスを合わせておく。
▶▶2分

⓫玉ねぎが薄茶色になったら火力3にして、ミックススパイスを加えて混ぜ合わせながら炒める。スパイスは焦げやすいので、この工程だけに集中した方がいい。
▶▶4分

⓬鍋にトマトとケチャップを入れ、火力5にして軽くトマトを潰しながら炒める。
▶▶2分

⓭野菜を鍋の中でヘラ（菜箸やおたまでも可）でずらし、あいたスペースに肉を入れて塩3つまみを振り、ほぐしながら焼く。
▶▶3分

⓮肉に火が通ったら水を入れ、混ぜて沸騰したら軽く1分ほど煮込んで火を止める。
▶▶3分

コンロが2口あるならカレーと同時に

⓯フライパンに油小さじ2をひいて、火力4にして温まったら卵を落とし、目玉焼きを作る。そのまま1分ほど焼いたら火力2にして、白身がかたまるのを待つ。黄身の部分は好みだが、半生の方が辛いカレーの上で黄身を割ると味がまろやかになるのでおすすめ。後、白身の縁の部分がところどころ少し茶色く焦げるくらいが水田は好き。
▶▶4分（コンロが2口あるならカレーと同時進行でやる）

⓰皿にごはんをよそって、カレーをかけ、目玉焼きをのせれば完成。
▶▶20秒

カレー粉の使い方アイデア

水田はスパイスカレーを作るのが好きで、自分好みにスパイスをブレンドすることもある。でも、スパイスをそろえるのが大変なら『S&B』の「カレー」が便利。何種類かのスパイスが混ざっているので、いろいろな使い方ができる。

① 塩と混ぜてカレー塩。買ってきた唐揚げや春巻きにかけるだけでおいしい。

② きんぴら炒めの隠し味に。ほんの少しでいい。

③ ラム肉に揉み込んで焼く。もちろん他の肉でも。

④ カレーうどん（そば）に。

⑤ 鍋料理に入れる

スパイス類はきちんと炒めないと粉っぽくなるが、『S&B』のカレー粉は食材となじみやすいのも使いやすいポイント。

皿に盛りつける瞬間、ごはんと食べるのを想像して毎回ワクワクする。この味つけでおいしくならない食材があるだろうか。他の野菜や魚介を入れてもいい。具材を増やしたら調味料も増やすこと。分量さえまちがえなければ絶対においしくなる。万が一おいしくならなかった場合は、気づかないうちにちがう本を読んでる可能性がある。

玉ねぎとにんじんでもう一品

プルコギ風の炒め物

かかる時間 14分5秒

[材料：2～3人分]
牛薄切り肉（豚こま切れ肉でも可）
……200g
玉ねぎ……1/2個
にんじん……1/2本
にら……3～4株
にんにく……1かけ
しょうが……にんにくと同量
白ごま、糸唐辛子（あれば）
……各適量

〈下味用の調味料〉
　酒……大さじ2
　濃口しょうゆ……大さじ2
　砂糖……大さじ1
　ごま油……大さじ2

※コチュジャンがあるなら大さじ1/2入れ、しょうゆを大さじ1と1/2に減らす。

[作り方]
❶玉ねぎは皮を剥き、縦半分に切ってから繊維に沿って2mm幅くらいの薄さに切る。切ったら当然ボウルか何かに入れておく。
▶▶60秒

❷にんじんは皮を剥き、2mm幅くらいのせん切りにする。玉ねぎと一緒にしておく。
▶▶60秒
せん切り P14

❸にらは5cm幅に切る。適当なうつわに入れておく。
▶▶20秒

❹肉は5cm幅に切ってボウルに入れ、包丁とまな板を洗う。
▶▶1分30秒

❺ボウルに肉、下味用の調味料、すりおろしたにんにくとしょうがを加え、全体になじむように揉み込む。
▶▶1分30秒

「下味用の調味料」の比率は酒：しょうゆ：砂糖：ごま油が2:2:1:2。

❻⑤のボウルに玉ねぎとにんじんも加え、混ぜ合わせる。
▶▶30秒

ここでにらを加えないのは、火の通りが早いから。なので、にらの代わりに青ねぎや葉物野菜の葉の部分なんかを使う場合も、ここでは混ぜなくていい。

❼フライパンを火力5で温め、ボウルの中身を全て入れる。食材にごま油がなじんでいるので、フライパンに油はひかなくていい。
▶▶4分

❽ときどき菜箸（トングでも可）で混ぜながら炒める。ここで余裕があれば洗い物をする。
▶▶3分

❾肉に火が通ったらにらを加え、40秒ほど混ぜ合わせて火を止める。
▶▶45秒

❿皿に盛って、白ごまをかけたら完成。糸唐辛子をのせるとさらにテンションが上がるはず。
▶▶30秒

卵

新鮮なら生でも、焼いたり煮たり加熱しても食べられる卵
は、冷蔵庫に欠かせない。水田は1日に2〜3個食べる。
ところが一方で、火加減がとても難しい食材だ。本当にお
いしく仕上げるには腕がいる。心して向き合ってほしい。

だし巻き卵

　だし巻き卵は何度も練習した料理の一つだ。素人がセンスだけでいきなり成功するものではない。逆にいえば、体が覚えてしまえばなかなか失敗することもない。どのくらいの火加減なら、どのくらいの秒数で卵がかたまりだすのか。卵がどうなったらひっくり返せばいいのか。そのときの卵焼き器の角度、菜箸をあてる場所、何度も失敗した。それも先輩が見ている前で。人前での失敗は恥ずかしい。なので次は失敗したくないと強烈に思いながらまた作る。結果、上達も早い。素人が自宅で本を読んでマスターできるような料理ではない。だし巻き卵はこの本で覚えなくていい。本を読んでも作れないということを覚えてほしい。次のページにゆで卵の作り方を載せておいたので、まずはゆで卵を自在に作れるようになろう。

念のため、変な気を起こさないよう調理動画を見られるようにしておく。

卵でもう一品

ゆで卵

かかる時間
16分30秒
〜22分

　僕はゆで卵を食べるときは、黄身の中心部分がしっとりしてるくらいがいい。サラダで和えるときは、黄身をペースト状にして他の具材と一体化させたいので、全体的にしっとりさせる。ラーメンのトッピングでは、中心だけトロッとしててほしい。おでんのときは、かたまってボソボソの黄身にだし汁がしみ込んでるのが好き。人によって好みのゆで具合があると思うが、意外と失敗する人も多いと聞く。「たかがゆで卵」とナメてかかる人は、雑な作業で失敗することも多いだろう。コンビニのゆで卵を食べるときも剥いた殻を辺りに撒き散らしてる可能性大だ。職場の机の引き出しも整理整頓できていないかもしれない。ゆで卵を上手に作るポイントは、条件を固定するために冷蔵庫から出したての生卵を沸騰してる湯に入れること。後は、2〜3通りのゆで時間を覚えておけば、調整次第でゆで加減は自由自在だ。

[材料]
卵……3個
塩、黒こしょう、EXオリーブオイル、マヨネーズ……各適量

[作り方]
❶もちろん手を洗うが、爪が伸びすぎていたら切る。髪がボサボサなら整える。誰も見ていなくても、料理をするときは清潔感をもってほしい。その気持ちがあるのとないのとで、少しずつだが確実に台所での仕事に差が出る。
▶▶ 50秒（もちろん手を洗って拭くだけの時間）

❷鍋に卵が浸かるくらいの水（分量外）を入れて沸騰させる。
▶▶ 3〜7分（コンロのタイプによるが、沸かす湯が1ℓ弱だとして3〜7分）

❸卵をどのくらいのゆで加減にするかでゆで時間を決めて、タイマーをセットする。
▶▶ 15秒（半熟にしたいなら6分30秒。黄身に火は通っているがしっとりとやわらかいくらいにしたいなら9分30秒。黄身までしっかり火の通った固ゆでにしたいなら12分）

❹卵を冷蔵庫から取り出し、おたまにのせて沸騰した湯の中にゆっくり入れる。
▶▶ 20秒

手で入れると落とす感じになるので、割れて白身が出てくる可能性がある。

❺タイマーをスタートさせる。火力はおだやかに沸騰を維持するくらいでいい。
▶▶ 15秒

❻ボウルに水（分量外）を入れておく。
▶▶ 20秒

❼時間になったら卵をおたまですくい、❻の水の中に入れて何度か水を変えて粗熱を取る。
▶▶ 60秒

❽粗熱が取れたら、卵を台の上などの平らなところに軽くあてる。あてる場所を変えながら、全体的にヒビを入れる。
▶▶ 30秒

❾ボウルの水の中で殻を剥く。
▶▶ 60秒

水の中で剥いた方が、殻と白身の間に水が入って剥きやすい。

❿卵についた水気をキッチンペーパーなどで取れば完成。塩と黒こしょう、EXオリーブオイルをかけるだけでも立派な一品。好きなマヨネーズを添えてもいい。
▶▶ 30秒

ゆで卵を半分に切るときは、糸で切るとキレイに切れる。

卵でもう一品

オムライス

かかる時間 14分33秒

　洋食店でいちばん練習したのがオムライスだった。自分で卵を買って出勤。自分のまかないでオムライスを作る。包むのに失敗する。失敗したオムライスをフライパンに戻して木ベラでほぐし、新しい卵で巻き直す。それでも失敗してまた巻き直す。どれだけの卵を食べただろうか。家庭では必要ない技術なので簡単なやり方を紹介しよう。

[材料：2人分]
卵……2個
温かいごはん……茶碗に軽く2杯分（320g）
ロースハム（スライス）……4〜5枚
バター……40g
トマトケチャップ……大さじ1と1/2
塩……3つまみ
白こしょう……4フリフリ

〈デミグラスソース〉
市販のデミグラスソース……100g
味噌（赤味噌や八丁味噌がおすすめ）
　……小さじ1/2
はちみつ……小さじ1/2
バター……5g
塩……ひとつまみ
黒こしょう……2ガリガリ
水……大さじ2

[作り方]

デミグラスソース

かかる時間 **6分50秒**

❶鍋に水を入れ、沸騰直前まで温めて火を止める。
▶▶ 2分

❷味噌を入れてよく溶かし、はちみつを入れる。
▶▶ 30秒

❸デミグラスソースを入れたら火力2にして、混ぜながら温める。
▶▶ 3分

❹ポコポコと沸いてきたら、塩、こしょう、バターを入れ、よく混ぜてから火を止める。味見をして足りないと思ったら塩を少々（分量外）加える。
▶▶ 1分20秒

オムライス

かかる時間 **7分43秒**

❺卵はボウルなどに割って塩ひとつまみを加え、菜箸などでかき混ぜておく。
▶▶ 30秒

❻ハムは7mm角くらいに切る。
▶▶ 20秒

❼フライパンにバター30gを入れて火力3で温める。ここで包丁とまな板を洗う。
▶▶ 60秒

❽火力5にしてバターが溶けてジュワジュワし出したら、ハムを入れて軽く炒める。
▶▶ 1分10秒

❾火力6にして、ごはんを入れてバターと絡めながら、潰さないようにヘラなどで優しく手早く炒める。
▶▶ 60秒（水田45秒）

❿塩2つまみ、こしょうを振り、全体に混ぜたら、フライパンの真ん中をあけてケチャップを入れて10秒焼く。焦げないようにケチャップをヘラで触りながら様子を見ること。
▶▶ 30秒（水田20秒）

ケチャップだけを焼くことで酸味が飛んでまろやかになる。

⓫ケチャップの甘酸っぱい香りが出てきたら、ライスと混ぜながら炒める。均一に混ざったら何かに入れておく。
▶▶ 40秒

⓬フライパンを軽く洗って水気をしっかり拭いたら、火力5で温める。
▶▶ 40秒

⓭菜箸に溶き卵をつけてフライパンに線を引く。1秒以内にすぐ火が通って卵がかたまれば、フライパンはちょうどよく温まっているのでOK。逆に線を引いたときに「ジュッ！」と音がしたら熱すぎるので、いったんコンロから離して20秒くらい待つ。
▶▶ 10秒（水田5秒）

⓮フライパンが温まったらバター5g（1人分）を入れて溶かし、すかさずフライパンの底面に広がるようにフライパンを回す。この後の工程は全てスピーディーに。
▶▶ 10秒

⓯卵1個分をフライパンに入れ、すかさず⓮のバターと同じようにフライパンに回し広げる。
▶▶ 10秒（水田5秒）

⓰5〜10秒焼いたら、菜箸（ヘラでも可）で端をめくってみる。裏側が焼けていて表側がまだ液状の段階で火を止め、⓫のハムライス1人分を卵の中心になんとなくでいいのでこんもり楕円形にのせる。
▶▶ 20秒

⓱フライパンを奥に傾け、菜箸（ヘラでも可）で手前から卵の端の方だけでいいのでハムライスにかぶせてあげる。奥側からかぶせるのは難しいので、手前側の卵だけでいい。
▶▶ 10秒

⓲フライパンを持つ手を逆手にする。皿をフライパンの奥から近づけ、フライパンを皿側に一気に傾けて盛る。
▶▶ 8秒（躊躇せずにすんなりいけばこの秒数）

⓳まだ形が中途半端なはずなので、キッチンペーパーかラップをかぶせてキレイなラグビーボール型に手で整える。
▶▶ 15秒

⓴デミグラスソースを火力3で軽く温め直して、オムライスにかけたら完成。
▶▶ 30秒

卵でもう一品

卵とトマトの炒め物

かかる時間 3分45秒

中華料理店ではけっこう定番だが、初めて食べたときに、トマトをサッと炒めて食べることにも、こんなにも罪悪感のないおいしい食べ物があるのかということにも驚いた。自分のトマト観を変えてくれた料理だ。くれぐれもトマトは炒めすぎないで。

[材料：2人分]
卵……2個
トマト……1個（小さいと思ったら1個半か2個）
塩……2～3つまみ
米油（サラダ油でも可）
……大さじ2

[作り方]
❶卵はボウルに割って、塩をひとつまみ入れて菜箸などでかき混ぜる。
▶▶40秒（水田は25秒なので32秒くらいに設定したかったが、卵を割るときに手についた卵白を洗い流して手を拭いたりを考えると40秒）

❷トマトはヘタを取り、くし形に6～8等分する。一切れが、一口で食べるのにちょうどいいかギリギリ大きいかなくらい。
▶▶30秒
くし切り（くし形切り）　P14

❸フライパンに油大さじ1強をひいて、火力7で温める。
▶▶40秒

❹菜箸に卵をつけてフライパンに線を引き、ジュッと音がして1秒以内に卵がかたまれば十分な温度。油からうっすら煙が上がっていたら熱すぎるので、フライパンを火から離して少し冷ます。
▶▶10秒

❺フライパンが温まったら卵を入れる。
▶▶5秒

❻フライパンの底の方の卵がかたまったら、ヘラ（菜箸でも可）で軽くかき混ぜる。これを繰り返し、ふんわりと8割方火が通ったら卵をボウルに取り出しておく。
▶▶25秒

❼引き続き火力7でフライパンに油大さじ1弱を入れ、トマトを炒める。
▶▶50秒

❽トマトの角が丸くなってきたら塩を1～2つまみ振りかけ、卵もフライパンに戻して全体を軽く炒め合わせたら完成。
▶▶25秒

「釜揚げしらす」

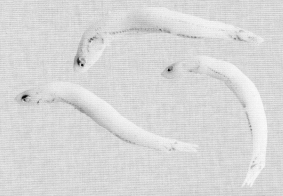

春が旬のしらす。大人も子どもも気軽に魚が食べられる、たんぱく質のかたまりだ。愛媛産は味が濃いので、地元に帰ったら必ずお土産にするし、普段からこだわって買っている。加熱するとよいだしが出るのもポイントだ。

釜揚げしらすの ペペロンチーノ

かかる時間
15分20秒

　愛媛の実家では、冷蔵庫にいつも必ず釜あげしらすかちりめんじゃこがあった。スーパーに行けばふっくらと釜揚げされた、味も香りも濃い新鮮なしらすが手頃な値段で売られていた。地元を離れた僕にとって都会のスーパーは安くておいしいしらすに出会える場所ではなく、「それなら別に……」としらす離れをしていた若手の頃。劇場メンバーだった僕に、ファンの方が大きな木箱に入った釜揚げしらすを差し入れしてくれた。しかも二段重ねだ。地元の愛媛ではなく静岡は焼津で水揚げされたしらすだったが、久しぶりに目にするまちがいなくおいしそうなしらすに心が躍った。その日、6畳1Kの自宅に芸人仲間を4〜5人呼んで肩を寄せ合い、二の腕を擦りつけ合って食べたのが釜揚げしらすをたっぷり使ったペペロンチーノだ。

[材料：2人分]
パスタ（1.6mmの太さがおすすめ）
……200g
釜揚げしらす……80g
にんにく……2かけ（明らかに大きければ1かけ）
唐辛子……1本
バター……10g
レモンの皮……1cm×3cmくらい
水……1.5ℓ
塩……大さじ1弱
オリーブオイル……大さじ4

> 一般的に、パスタのゆで汁は塩分濃度1%と表記されることが多いので、1.5ℓの水には大さじ1（15g）の塩を入れる。ただ、ゆで汁でソースの塩分を調節するときに1%だと少し塩気が強いので、水田は0.8%くらいにする。

[作り方]
❶ 手を洗う前に、袖をまくる。手を洗ってから袖をまくると、また手が汚れる。あなたの袖はきっとそれなりに汚いはずだから。
▶▶ 0秒（他のレシピを見ても分かるように、この本では袖をまくる時間は調理時間には入れていない。手を洗う前に袖をまくるのは、濡れるからだけじゃない。「先に〇〇をするから、いったん手を洗う」「この後△△を触るから今は片手で作業する」というふうに、考えながら動いてほしい）

❷ 手を洗ったら、大きめの鍋に湯を沸かす。塩分濃度0.8%くらいがいいと思うので、水1.5ℓに対して塩を大さじ1弱入れる。
▶▶ 8分（コンロによるが、沸騰するまでに火力10で蓋をした状態で7〜8分はかかる）

湯を沸かしている間に

❸ レモンをよく洗って、皮の黄色の部分だけ切り取って細切りにして何かに入れておく。残りのレモンは冷蔵庫にすぐしまう。この本では何度も「〇〇はすぐしまう」と書いているが、これは食材が傷むことを防ぐのはもちろん、調理スペースを常にちゃんと確保しておくことを心がけてほしいから。
▶▶ 3分（水田1分40秒）

細切り P15

❹ にんにくは皮を剥き、みじん切りにしてフライパンに入れておく。にんにくは乾くと落ちにくいので、包丁はすぐに洗う。

▶▶ 2分40秒（水田1分50秒。水田のみじん切りは、大きさもそろっていて細かい）

みじん切り P15

❺ 沸騰した湯にパスタを入れ、袋に記載されているゆで時間の1分短めでタイマーをセットしてスタートする。ここでは1.6mmのパスタでゆで時間が7分と表示されているので、6分で上げる。
▶▶ 6分

パスタをゆでている間に

❻ パスタをゆでている間に、にんにくを入れたフライパンにオリーブオイル大さじ2を入れ、最初の30秒は火力5にする。その後は火力3で3分かけて、ゆっくり香りを出す。
▶▶ 3分30秒

❼ 唐辛子は種を取り、2mmくらいの輪切りにして何かに移しておく。包丁とまな板を洗って片づける。
▶▶ 1分30秒

輪切り P15

❽ にんにくが薄茶色になってきたら唐辛子を入れ、30〜40秒火を通したらパスタのゆで汁を大さじ4（分量外）とバターを入れる。火力4〜5にして、フライパンの中身が分離せず一体化するまでヘラなどでよくかき混ぜる。これを「乳化」という。
▶▶ 1分30秒

❾ しらす、パスタのゆで汁大さじ2（分量外）をフライパンに入れ、よく混ぜる。パスタのゆで時間がまだ残っていたら、しらすを入れたソースのフライパンは火力1で保温しておく。
▶▶ 60秒

❿ パスタがゆで上がったら、トング（菜箸でも可）でパスタを引き上げてフライパンに入れる。このときに自然とパスタがゆで汁を連れてきて、大さじ3〜4杯分（分量外）入るくらいがちょうどいい。
▶▶ 20秒

⓫ 火力4にしてオリーブオイル大さじ2を加え、パスタをかき回すようにソースとよくかき混ぜる。このときにパスタがソースを吸って味がなじむ。
▶▶ 40秒

⓬ 皿に盛り、レモンの皮を散らして完成。
▶▶ 20秒

91

釜揚げしらすでもう一品

しらすのだしを味わう茶碗蒸し

かかる時間 14分5秒

しらすから出る味を楽しんでほしいので、普通の茶碗蒸しみたいにしっかりとだしを効かせたり味をつけるわけではないシンプルな茶碗蒸し。食欲のない日でもさじがすすむ優しいおいしさがある。仕上げにごま油をたらせば中華風になるし、粉山椒を振れば和風になる。しらすが下に沈むので、後半に味が濃くならないようバランスよくすくって熱々のうちにぜひ。

[材料：2人分]
釜揚げしらす……30g
卵……2個
だし……180ml（もしくは 水180mlと市販のだしを少々（小さじ1/6）でも可）
青ねぎ（小口切り）……大さじ2
塩……ひとつまみ
酒……小さじ1
濃口しょうゆ……小さじ1/2
※ごま油……小さじ1弱
※粉山椒……1フリフリ
（粉山椒を入れる場合はごま油は入れない）

[作り方]
❶青ねぎの小口切りがストックしていなければ、青ねぎを切り、水（分量外）に5分さらしてザルなどに上げて水気を切っておく。
▶▶ 0秒（ストックしていると信じる）
小口切り P14

❷蒸す用意をする。蒸し器がなければ、できるだけ大きくて深めの鍋に水（分量外）を2cmくらいの深さになるように入れ、火にかけて沸騰手前まで温める。
▶▶ 15秒

❸ボウルに卵を割って菜箸などで溶きほぐし、だし（もしくは水と市販のだしでも可）、酒、塩を入れ、卵の白身を切るようによく混ぜる。
▶▶ 1分10秒

❹③のボウルにしらすの7割と青ねぎの7割を入れて軽く混ぜる。
▶▶ 20秒

❺茶碗蒸しにぴったりのうつわ（耐熱性の物なら茶碗でも可）2つに、具がかたよらないように④の卵液を入れる。
▶▶ 20秒

❻うつわを鍋の中に入れ、静かめにポコポコ沸くくらいの火力にして鍋の蓋をする。蓋をすると沸き具合は強くなるので、それを想定して火力を調整しておく。
▶▶ 11分（蒸す時間）

❼10〜11分蒸したら蓋をあけ、茶碗蒸しに竹串（箸でも可）を刺してみる。透明の汁が出てくれば蒸し上がっているが、黄色い卵液が出てきたらもう少し蒸す。
▶▶ 20秒

❽うつわを鍋から出し、しょうゆをかける。残りのしらすと青ねぎを散らし、ごま油（もしくは粉山椒）をかけたら完成。
▶▶ 40秒

釜揚げしらすでもう一品

しらすのせ冷奴

かかる時間 1分20秒

　地元の親父が利用する小料理店で出てきた、豆腐と同じくらいの量のしらすをのせた冷奴。まさに産地ならではの贅沢でシンプルな料理だ。なのでなるべくおいしいしらすとおいしい豆腐で作るのがおすすめ！ 必要な量を摂るのが難しいとされるたんぱく質が豊富なのもいい。

[材料：2人分]
釜揚げしらす……80g
絹ごし豆腐……1丁
濃口しょうゆ（好みでポン酢でも可）……小さじ2
粉山椒（あれば）……適量

[作り方]
❶豆腐はキッチンペーパーでくるんで水気をしっかり取る。
▶▶40秒

❷①を半分に切って皿に盛る。
▶▶10秒

❸しらすをどっさり豆腐にのせる。
▶▶20秒

❹しょうゆをかけたら完成。ポン酢でもいいし、あれば好みで粉山椒をかけてもおいしい。
▶▶10秒

魚

魚料理なんて自分には無理無理！って思ってる人が多い。実にもったいない。落ち着いてよくレシピを読んでほしい。鮮度のいい切り身さえ用意すれば、後は簡単。お店の人に相談すれば魚選びも手伝ってもらえるはず。

魚の煮付け

かかる時間
26分20秒

魚の下処理が
霜降りだけなら
15分2◯秒

魚の煮付けは野菜炒めよりも簡単だ。野菜炒めを作るのに、キャベツを切る、にんじんも切る、玉ねぎも切る、肉も切る。簡単とはいえ、やることは多い。その点、煮付けは長ねぎを数回切る、しょうがを2枚切る、魚は下処理ずみ、もしくは切り身で売ってる物でいい。野菜炒めは目を離せないが、煮付けは調味料を入れたら5〜10分放ったらかしで大丈夫。それ以上は身がかたくなる。時間をかけて煮るのは、さばのようなクセのある魚にしっかり中まで味を入れたいとき。とりあえず煮付けの入門編は、すぐにできるやり方から覚えればいい。そして味つけだ。ここを難しいと考える人は案外多いようだ。ある後輩が「味つけがもう意味分かんないっす」と言っていた。「ペットボトルの水をスプーン10杯分だけ鍋で沸かしてって言われても難しくないやろ？　水が調味料に変わるだけ、はかって入れるだけや」と僕は言った。後輩は黙った。

[材料：2人分]
かれい（金目鯛、鯛でも可）……2切れ（めばるもおすすめ。小さければ2尾）
塩……2つまみ（魚2切れの場合）
しょうが……成人男性の親指の直径くらいだとして厚さ2mmのスライス2枚
長ねぎ……16cm分
ごぼう（好みで）……1/4〜1/2本（3〜4cmの長さに切ったのを4本）

〈煮汁〉
　酒……大さじ4（60ml）
　濃口しょうゆ……大さじ2
　みりん……大さじ2
　砂糖……大さじ1
　水……大さじ6

[作り方]
❶手を洗うのはもちろんだが、シンクに食器などがあると魚の下処理の際に臭いが移るので、シンクは先にキレイにしておく。「後で洗えばいいじゃん」とかいう意識があればすぐに捨てる。というか、いつでも料理前は台所をキレイにしておく。いつでもキレイにしておけば、手を洗うだけなので1分もかからない。
▶▶40秒（普段から水回りがキレイな人なら）

❷魚が生臭ければ、塩を裏表にまんべんなく振って、10分置いておく。バットに移しても皿の上でも魚が入ってたパックの中でもいい。
▶▶11分（新鮮な魚なら③の工程からでいい）

> 魚選びは、スーパーなら「煮付けに」と書かれてたりするし、店員さんに聞けば教えてくれる。魚は切り身、もしくは一尾丸々ならエラと内臓を処理してもらった物を買うといい。魚をさばけるようになるのは料理に慣れてからでいいし、初心者は動画で勉強した方がいい。

❷の間に

❸ 鍋に水1ℓほど（分量外）を入れ、火にかける。
▶▶ 30秒（もちろん火にかけてから温まるまでの時間は含めない）

❹ 手についた魚臭さが道具やタオルに移らないよう、手を洗って拭いたら、包丁とまな板を出して長ねぎを4cmの長さで4つに切り、しょうがを2枚スライスする。
▶▶ 3分（水田は1分40秒。冷蔵庫から取り出したり、切った残りの長ねぎやしょうがを冷蔵庫にしまう時間も含めてこの時間）

❺ ボウルにたっぷりの冷水（分量外）を用意しておく。
▶▶ 30秒

❻ 鍋の水が沸騰する手前まで温まったら、魚をザルに移して湯を魚に優しくかける。ボウルが家にもうひとつあるならそこに湯を入れて、ザルごと魚を浸けてもいい。この下処理を「霜降り」という。沸騰した湯だと魚によっては皮がやわらかいので破れてしまう。温度計があるなら85度くらいの湯で。
▶▶ 1分30秒（熱湯にさらす時間自体は20秒くらいだが、ここに書いてあることをしようとすると1分半かかる）

❼ ❺の冷水に魚を浸け、皮についたウロコ、身についている血や内臓のかたまりを指で優しくこすって取りのぞく。表面の水分は、キッチンペーパーなどで優しく拭き取る。身からキッチンペーパーを剥がすときも、皮がくっついてこないよう気をつける。そして、手を洗うのを忘れずに。
▶▶ 2分30秒（魚の皮や身が崩れやすくなっているので、丁寧にする必要があるので2分30秒。水田は丁寧かつ速いので1分30秒）

❽ 鍋に、煮汁の材料としょうがを入れる。
▶▶ 50秒（これは計量スプーンや調味料をすぐに使えるよう配置しておけば、あなたでも水田と同じ時間でできる）

煮汁の比率は、水：酒：しょうゆ：みりん：砂糖＝3：2：1：1：0.5！

❾ 魚を優しく煮汁の中に入れて、火力5〜6で沸騰させる。この間に魚を触った手を洗っておく。
▶▶ 1分50秒（沸騰までの想定時間）

ごぼうを一緒に煮るのもすごくおすすめ。ごぼうを入れる場合は、長ねぎと同じ長さに切ってから縦に1/4等分して、魚と同じタイミングで煮汁に入れる。

❿ 煮汁がポコポコ沸くくらいの火力にして、アルミホイルを魚が隠れるようにかぶせて煮る。これは落とし蓋の効果と一緒なので、しばらくするとアルミホイルの下で熱がよく回って、アルミホイルを取ったら泡が立つように沸いてる状態になるはず。その状態で5分煮る。
▶▶ 5分

⓫ 長ねぎを加え、さらに3分煮て完成。
▶▶ 3分

煮汁を濃くしたい場合は、魚を皿に取り出してから、火力4で2分ほど煮詰めて魚にかける。

魚でもう一品

ごはんがすすむ鮭のソテー

かかる時間 **22分10秒**

初めて作ったときは、どんな味にするか決めずにただただ魚を洋風で食べようと作り始めた。オリーブオイルで焼きながら「バターも使おう」「トマトも入れよか」「ごはんと合うようにもしたいな……しょうゆとにんにくかな」「少しさっぱりさせたいな……レモン絞ろう」そんな感じで、多分旨いだろうなぁと思いながら適当に作ったらめちゃくちゃ旨かった！

[材料：2人分]
鮭（たら、めかじき、太刀魚でも可。めかじきは秋から冬に脂が乗っている）……少し大きめの切り身2切れ
じゃがいも（メークインがおすすめ）……1個
エリンギ……1/2 パック
しめじ……1/4 パック
しいたけ……3個
トマト……1個
にんにく……1/2 かけ
バター……20g
濃口しょうゆ……小さじ2
レモン果汁……小さじ1と1/2
塩……5つまみ
白こしょう……8フリフリ
黒こしょう……8ガリガリ
米油（サラダ油でも可）……大さじ2

[作り方]

❶魚は塩を振る。2切れに2つまみくらいが目安。少し塩がきついと思うかもしれないが、ここから10分置いて魚から出る水分を拭き取るときに塩気もある程度取りのぞかれる。切り身がどうにも薄っぺらいと思ったら、塩は少し減らしてほしい。
▶▶ 11分

❶の間に

❷じゃがいもは皮をピーラーで剥き、1cmの厚さで輪切りにする。
▶▶ 60秒
輪切り P15

❸②を耐熱容器に入れラップをして、電子レンジ600Wで1分半加熱する。
▶▶ 2分

❹エリンギは7～8mmの厚さに斜め切りにして、きのこ用の容器に入れる。
▶▶ 40秒
斜め切り P15

❺しめじはいしづきを切り落とし、ほぐして容器に入れる。
▶▶ 30秒

❻しいたけはいしづきを切り落とし、半分に切って容器に入れる。
▶▶ 15秒

❼にんにくは皮を剥き、すりおろす。
▶▶ 60秒

❽トマトはヘタを切り落とし、6～7mmの角切りにする。後で潰れるのでだいたいでいい。何かに入れておく。
▶▶ 60秒
角切り P14

❾ フライパンに油大さじ1をひき、火力5で温める。
▶▶ 40秒

❿ じゃがいもときのこをフライパンに入れ、塩3つまみを振って3分焼く。
▶▶ 3分

❿の間に

⓫ 魚から出た水分をキッチンペーパーなどで拭き、白こしょうを振る。
▶▶ 50秒

⓬ 火力4にして、じゃがいもをヘラ（菜箸でも可）でひっくり返し、きのこをフライパンの片側に寄せ、あいたスペースに油大さじ1をひいて魚を焼く。魚に皮がついていれば皮の方から2分焼く。
▶▶ 2分30秒

魚は焼く間、ただそのまま置いておけばいいわけではない。フライパンの中で位置を少しずつずらすことで、ムラなく焼ける。焼くことで身が反ってくることがあるので、そのときは菜箸などで身を優しく押してフライパンに押しつけるようにしてあげる。

⓭ じゃがいもときのこを取り出し、食べるとき用の皿に盛って黒こしょうを振っておく。
▶▶ 30秒

⓮ バターとにんにくを入れ、さらに2分焼く。
▶▶ 2分

⓯ 魚をひっくり返し、バターとよく絡ませたら、あいている横のスペースでトマトを焼く。このとき、ときどきヘラでトマトを少しだけ潰しながら焼く。
▶▶ 1分20秒

⓰ 火力6にして、トマトの部分にしょうゆを入れてソース状になった部分を混ぜながら、しょうゆの香りがしっかり出るまで20〜30秒焼く。
▶▶ 20〜30秒（なぜここが20〜30秒と幅があるか。各台所の環境によって火力も微妙にちがうので、20秒でベストの火力なら30秒では香りが飛んだりソースが焦げてしまう。しょうゆの焼けたいいにおいがしたらそこがベストなので、自分で見極められるようになってほしい）

⓱ レモン果汁を入れて火力4にして、ソースを魚の両面にしっかりと絡ませる。
▶▶ 20〜30秒

⓲ 魚を取り出して皿に盛り、ソースをかけて完成。
▶▶ 20秒

魚でもう一品

白身魚の中華蒸し

かかる時間
18分35秒

テレビで一度は見たことあると思う、あの「盛りつけられたねぎの上から熱々の油をかけてジュッ！となるやつ」だ。本っ当に簡単で本っ当においしい。魚の豊富な国に生まれてよかった。

[材料：2人分]
白身魚（鯛、すずき、いさき、たらなど）の切り身……2切れ
長ねぎ……青い部分15cm分、白い部分10cm分
しょうが……1かけ（成人男性の親指の第一関節くらいの量）
紹興酒（なければ酒でも可）……大さじ2
濃口しょうゆ……大さじ1弱
砂糖……小さじ1
塩……2つまみ
ごま油……大さじ1強
米油（なければサラダ油や菜種油などでも可）……大さじ1強

[作り方]
❶魚は2切れにつき塩を2つまみ振る。両面にまんべんなく。10分置いておく。
▶▶ 11分

❶の間に

❷長ねぎの青い部分と白い部分は5cm幅に切っておく。
▶▶ 10秒

❸長ねぎの白い部分は縦に切れ目を半分くらいまで入れる。それをひらいて裏返しにして、包丁でなるべく細く切り、ボウルなどに入れた水（分量外）に5分さらして水気を切る。これが「白髪ねぎ」。
▶▶ 5分50秒

❹しょうがは皮を厚めに剥き、剥いた皮は4等分に。皮を剥いたしょうがは、なるべく薄くスライスしてからせん切りに。それぞれ別々にしておく。
▶▶ 50秒

せん切り P14

❺魚から出た水分をキッチンペーパーなどで優しく拭き取る。
▶▶ 40秒

❻耐熱容器（皿でも可）に長ねぎの青い部分を2切れ、しょうがの皮も2切れ置く。その上に魚を並べる。さらに、その上から長ねぎの青い部分としょうがの皮の残りを置き、紹興酒大さじ1をまんべんなく振りかける。
▶▶ 30秒

❼❻にふんわりとラップをかけ、電子レンジ600wで3分半加熱する。
▶▶ 3分50秒

❼の間に

❽耐熱容器に、紹興酒大さじ1、しょうゆ、砂糖を入れ、砂糖が溶けるまで混ぜてタレを作っておく。
▶▶ 25秒

❾魚を加熱し終わったらレンジから取り出し、ラップをしたまま60秒くらい置いておく。これにより最後に中まで余熱で優しく熱が入り、身がやわらかく仕上がる。
▶▶ 60秒

❾の間に

❿タレはラップをせずに電子レンジ600wで1分20秒加熱。アルコール分を飛ばす
▶▶ 1分20秒

⓫❿でタレを加熱している間に魚を60秒置き終わったら、魚に火が通っているか見る。真ん中の方を少しだけ箸で割って確認してもいい。水田は金串で刺して（なければフォークで身の裏側から刺して）、5秒待ってから抜き、金串を下唇につけて熱くなっているかどうか確認する。この方法は肉の場合でも応用できる。
▶▶ 10秒

⓬⓫の魚から長ねぎの青い部分としょうがの皮を取りのぞき、食べるとき用の皿に盛って、白髪ねぎとしょうがのせん切りをのせてタレをかける。
▶▶ 30秒

⓭フライパンにごま油と米油を入れ、うっすら煙が出るまで火力4で熱する。
▶▶ 30〜60秒（ここは本当に表記時間にとらわれず、自分の五感で確かめてほしい！絶対に「うっすら」で止めて！）

⓮⓭からうっすら煙が出たら、⓬の上から油をかける。ジュワッ！と音がすれば成功。そして完成。好みでパクチーをのせてもいい！
▶▶ 10秒

103

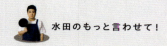
水田のもっと言わせて！

お買い物の作法

　スーパーで買い物をしてると、たまに残念な人を見かける。陳列してる商品をあっちこっちひっくり返して、少しでも奥から取ろうとする人だ。奥に当たりつきでもあるのか？　いや、選ぶこと自体は悪いことではない。売る側が並べたのだから、特にその店のルールがなければどれを選ぶかは買う側の自由だ。たとえば、豚バラ肉なら料理や好みによって脂身が多い方がいいとか少ない方がいいとかあるだろう。予算や食べる人数によって、ちょうどいい量のパックを選ぶこともあるだろう。ただ、むやみに奥から取ろうとする人は、少しでも新鮮な物を！という執念で自分を全く俯瞰で見れてないので、選び終えた後にきちんと商品を並べ直してないことが多い。そしてそんな人は、大抵カートを邪魔な位置に置いたままで他人の動線を妨げていることに気づいてない。そしてそんな人は、基本がガサツなのでどの肉を選んでも料理の仕上がりは何も変わらない。選ぶときはスマートに選んでほしい。なんならスーパーの消費期限はけっこう厳しい。消費期限が近づいて割引された肉を選んだって、火を通して味つけすればちがいなんてほぼ分からないはずだ。少なくとも僕は自分にそんな微妙なちがいなんて分からないと思ってるので、割引された肉も積極的に選ぶ。レジでは「もうすぐ廃棄されてたかもしれない食材を僕が救いますよ！」という顔で会計をする。店員さんには気づかれない。ついでに「安いだけで選んでるわけじゃないですよ？　ほら？　ちょっといい豆腐も買ってるでしょ？」という顔もする。店員さんには気づかれない。そして帰って料理すると、やっぱりいつもおいしい。

　商品を丁寧に扱う。戻すなら、ちゃんと元の場所に戻す。他人の邪魔をしない。会計時に前の人がもたついても優しく見守る。こういうことは、料理をする上でも食材の扱い方や段取り、食べる人への気持ちに繋がってくると思う。おいしい料理は買い物から始まっているのだ。

肉

肉は、塩こしょうを振って焼くだけでもごちそうだ。だからこそセンスが問われる料理でもある。ここでは「牛ステーキ」を始め、ごはんがすすむレシピを紹介する。慣れてきたら、筋や脂のカットなど下処理も丁寧にしてみよう。

我が家では、僕がステーキを焼くと妻から「焼き加減！ お店!」と褒めてもらえる。これが嬉しいのはプロの人でも一緒だと思う。肉を焼いてるときは中が見えないので、経験によって培った感覚が重要になる。なので肉の火入れを褒められるとその感覚、つまりセンスを褒められているような気がするのだ。さらにいえば、肉の質の方を褒めてるとも思える「おいしい」より、「火入れが完璧」の方が自分の手柄は大きく感じる。ぜひ自宅で肉を焼いてこの感覚を味わってほしい。サーロインやリブロースなら1～1.5㎝くらい、ヒレなら1.8～2㎝くらいの厚さの物がスーパーでよく売られているはずなので、それぞれの厚さによる焼く時間の目安を載せた。最初はきっちり時間を計りながら、自宅のコンロとフライパンでのベストを見つけてほしい。

[材料：2人分]
牛肉ステーキ用……2枚
じゃがいも……1個
にんじん……1/2本
クレソン……1人分が写真くらいの量（これが適量というやつ）
バター……20g
塩……肉が1㎝ならひとつまみ強、1.5㎝ならひとつまみ半、2㎝なら2つまみ
黒こしょう……肉が1㎝なら2ガリガリ、1.5㎝なら2ガリガリ、2㎝なら3ガリガリ
米油（オリーブオイルでも可）……小さじ1

〈ソース〉
　玉ねぎ（すりおろす）……1/4個
　にんにく（すりおろす）……1/2かけ
　赤ワイン……大さじ4
　みりん……大さじ3
　濃口しょうゆ……大さじ3

牛ステーキ

かかる時間
21分50秒
〜56分10秒

[作り方]

❶ まず手を洗うのはもちろんだが、肉を扱うときがいちばん清潔感が試される。それは、肉を触る前よりも触った直後の行動に出る。もしあなたがメガネをかけていたとして、誰かが生肉を触った手であなたのメガネのレンズを触ってきたら、すごく嫌な気持ちになるだろう。触れる物全て自分の買いたてのメガネだと思っていい。そしたら何かで汚れた手で触らないはず。
▶▶ 60秒（ここを読んで手を洗いながら意識を変える時間）

❷ じゃがいもとにんじんは皮を剥く。じゃがいもは芽が出ていたら取る。にんじんには塩ひとつまみ（分量外）を振って、軽く全体になじませる。こうすることでにんじんの甘さが出やすくなる。
▶▶ 2分
（水田1分20秒）

❸ ❷を別々にラップで包んで、一緒に電子レンジに入れて600Wで5分加熱する。
▶▶ 5分30秒（水田5分15秒）

❸の間に

❹ ソースの材料を全てうつわに合わせておく。
▶▶ 2分30秒（玉ねぎとにんにくをすりおろす時間も含める。水田1分50秒）

❺ 肉の脂身を切り落とし、筋の部分に何ヶ所か包丁の先端で切れ目を入れる。
▶▶ 1分30秒（水田50秒）

❻ 厚さ1cmの肉なら、いったん冷蔵庫に戻す。厚さ1.5cmなら10分、2cmなら30分、そのまま外に出して置いておく。「外」と言っても家の外ではない。冷蔵庫には入れないということ。
▶▶ 30秒

❼ フライパンに油小さじ1をひき、❺で切り落とした脂身をのせ、火力3でゆっくり脂を出す。箸やヘラで脂身を押さえながら焼くと脂が早く出る。後で一緒に食べるなら、脂身を小さく切ってもいい。水田は脂身の食感があまり好きじゃないので食べない。
▶▶ 3分

なぜ脂身から脂を出すのに油を小さじ1ひくのか。それは、最初に少し油があると脂身から脂が溶け出しやすいから。これを「誘い油」とか「呼び油」と言ったりする。自分がヤケドしない体なら、この方法で自分の脂を溶け出させたいのに、とかそんなことを考えながら肉を切った包丁とまな板を洗ったりしてたら、3分はあっという間。

❼の間に

❽ じゃがいもは半分に切ってから十字に4等分して、コロッとした8等分にする。にんじんは1cm幅で輪切りにする。乾かないよう何かに入れてラップをしておく。
▶▶ 1分30秒（水田40秒）

輪切り P15

❾ ❼の脂身が1/3くらいの大きさになったら取り出し、肉を焼く準備に入る。
▶▶ 30秒

▶▶▶▶ ここまでにかかる時間
計12分

❿ 肉を焼き、休ませる。

肉の焼き方
厚さ1cmの場合

❶ 冷蔵庫から出した肉の水分を、キッチンペーパーなどで拭き取る。
▶▶ 30秒

❷ 肉の両面に塩、こしょうを振る。
▶▶ 40秒

❸ 肉の脂をひいたフライパンを火力6で温める。うっすらと煙が出てきたら肉を入れて50秒焼く。
▶▶ 1分50秒（フライパンが温まる時間を含める）

❹ 肉を裏返したら火力3にして30秒焼き、皿（トレーでも可）に取り出し、アルミホイルをかぶせて3分休ませる。
▶▶ 3分30秒

▶▶▶▶ ❶〜❹にかかる時間
計6分30秒

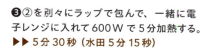

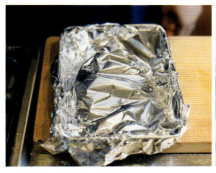  

肉の焼き方
厚さ 1.5 cmの場合

❶冷蔵庫から肉を出し、10分常温におく。
▶▶ 10分

❷肉の水分を、キッチンペーパーなどで拭き取る。
▶▶ 30秒

❸肉の両面に塩、こしょうを振る。
▶▶ 40秒

❹肉の脂をひいたフライパンを火力6で温める。うっすらと煙が出てきたら肉を入れて40秒焼く。
▶▶ 1分40秒（フライパンが温まる時間を含める）

❺火力2にして30秒焼く。
▶▶ 30秒

❻肉を裏返して火力6にして40秒焼き、火力2にしてさらに60秒焼く。
▶▶ 1分40秒

❼皿（トレーでも可）に取り出し、アルミホイルをかぶせて3分休ませる。
▶▶ 3分30秒

▶▶▶▶ ①〜⑦にかかる時間
　　　計 18分30秒

肉の焼き方
厚さ 2 cmの場合

❶冷蔵庫から肉を出し、30分常温におく。
▶▶ 30分

❷肉の水分を、キッチンペーパーなどで拭き取る。
▶▶ 30秒

❸肉の両面に塩、こしょうを振る。
▶▶ 40秒

❹肉の脂をひいたフライパンを火力6で温める。うっすらと煙が出てきたら肉を入れて50秒焼く。
▶▶ 1分50秒（フライパンを温めるのに1分かかるとして）

❺火力2にして1分20秒焼く。
▶▶ 1分20秒

❻肉を裏返して火力6にして40秒焼き、火力3にしてさらに1分20秒焼く。
▶▶ 2分

❼皿（トレーでも可）に取り出し、アルミホイルをかぶせて4分休ませる。
▶▶ 4分30秒

▶▶▶▶ ①〜⑦にかかる時間
　　　計 40分50秒

肉を休ませている間に

⓫肉を取り出したフライパンに、バター、じゃがいも、にんじんを入れ、塩をひとつまみ（分量外）振る。火力4で焼く面を変えながら3分焼き、焼き目をつける。
▶▶ 3分

⓬野菜を食べる用の皿に盛りつける。
▶▶ 30秒

⓭フライパンに焦げがあればキッチンペーパーなどで拭き取って、ソースの材料を入れる。このときに、焼いた肉を入れていたうつわや包んでいたアルミホイルに赤みがかった透明の肉汁が出ているので、それも入れる。
▶▶ 30秒

⓮火力5で、⓭をもとの6割くらいの量まで煮詰める。
▶▶ 1分30秒

⓯肉を切って、⓬の皿に盛りつける。切ってからは冷めやすいので手早く。
▶▶ 30秒（ナイフとフォークで切りながら食べるなら、このタイミングで切らなくてもいい）

⓰煮詰まったソースを肉にかけ、クレソンを添えて完成。
▶▶ 20秒

▶▶▶▶ ⓬〜⓰にかかる時間
　　　計 3分20秒

肉でもう一品

豚のしょうが焼き

かかる時間 **18分25秒**

はちみつが入るとコクとまろやかな甘さが加わり、肉をやわらかくしてくれる。さらに粒マスタードの酸味と辛味で刺激的な大人のしょうが焼きになる。ポイントはごはんを多めに炊いておくこと。すぐなくなるから！

[材料：2人分]
豚肉（しょうが焼き用もしくはポークステーキ用かバラ肉でも可）……200g
玉ねぎ……1/2個
キャベツ……1/6玉
しょうが（すりおろし）……大さじ1/2
塩……ひとつまみ
白こしょう……4フリフリ

〈タレ〉
　しょうが（すりおろし）……大さじ1/2
　にんにく（すりおろし）……小さじ1弱
　酒……大さじ2
　濃口しょうゆ……大さじ2
　みりん……大さじ1
　はちみつ……小さじ2
　粒マスタード……小さじ2

米油（サラダ油でも可）……小さじ3
マヨネーズ……適量

[作り方]
❶キャベツはせん切りにして、5分ほどボウルなどに張った水（分量外）にさらしておく。
▶▶10分
せん切り P14

❶の間に

❷玉ねぎは皮を剥き、3〜4mm幅にスライスする。
▶▶45秒

❸しょうがとにんにくは必要な分だけすりおろし、別々のうつわに入れておく。
▶▶2分30秒

❹うつわにしょうが大さじ1/2、にんにく、酒、しょうゆ、みりん、はちみつ、粒マスタードをよく混ぜてタレを作っておく。
▶▶1分20秒

❺キャベツの水（分量外）を新しく取り替えたら、すぐにザルに上げて水を切る。冷蔵庫にスペースがあるなら入れておく。
▶▶30秒

❻肉をまな板に並べて包丁の刃先で刺すようにして筋の部分を切る。
▶▶40秒

❼肉の片面に塩、こしょうを振る。
▶▶20秒

❽肉を大きな皿やトレーに並べ、❹のタレ大さじ1と1/2を片面にまんべんなく塗り広げておく。
▶▶30秒

❾フライパンに油小さじ1をひき、火力5で温め、玉ねぎを60秒炒める。
▶▶1分30秒

⓾玉ねぎはフライパンの端に寄せ、あいたスペースに油小さじ2をひいて、肉のタレがついてない方を下にして並べて2分焼く。タレがついている方から焼くと焦げやすいので。
▶▶ 2分30秒

⓫肉を少し裏返しておいしそうな焼き目がついていたら、火力7にして裏返し、30秒焼いたら残りのタレを全て入れる。
▶▶ 45秒

⓬タレがジュワーッと沸き立つ状態で全体的に絡めながら30秒加熱し、しょうが大さじ1/2も入れ、混ぜ合わせながら20秒ほど炒めて火を止める。
▶▶ 60秒

⓭しっかり水気を切ったキャベツを皿の半分に盛って、端の方にマヨネーズをつける。
▶▶ 25秒

⓮肉をキャベツに少しかかるように盛りつけて完成。
▶▶ 15秒

[作り方]

❶マッシュルームは縦2〜3mm幅にスライスする。ボウルか何かに入れておく。
▶▶ 60秒

❷玉ねぎは皮を剥き、みじん切りにする。マッシュルームと別のボウルか何かに入れておく。
▶▶ 60秒
玉ねぎのみじん切り P14

❸にんにくは皮を剥き、包丁の腹を使って潰す。小皿か何かに入れておく。
▶▶ 10秒

❹肉はかたい筋を取りのぞき、1枚を5〜6等分に切ってトレーか大きめの皿に広げておく。
▶▶ 3分

❺肉に塩2つまみ、こしょうを振って、小麦粉をまんべんなく薄くつける。そして手をキレイに洗う。
▶▶ 1分30秒（小麦粉つけるまでを40秒で終わらせて、手洗いで50秒）

❻フライパンにオリーブオイルをひき、にんにくを入れて火力4で40秒温めたら、肉を皮目から3分焼く。薄いきつね色の焼き目がついたら裏返し、さらに60秒焼く。
▶▶ 4分40秒

❼肉をうつわに取り出しておく。肉汁が出ていたら肉汁も余すことなく。
▶▶ 30秒

❽バター10gをフライパンに入れて火力4で温め、玉ねぎを入れて塩を少々（分量外）振る。玉ねぎを1分半炒めたらマッシュルームも入れ、焦がさないようにヘラなどで混ぜながら炒める。

肉でもう一品

鶏のフリカッセ

フリカッセだけなら **30分40秒**

名前わけ分からんのに肉じゃがより簡単かもしれない。フリカッセはフランス料理の王道であり定番の料理だ。マスターすれば「今日はフリカッセでも作るか」って言えるようになる。なんてかっこいいんだ。

[材料：2〜3人分]
■鶏のフリカッセ
鶏もも肉……2枚
ホワイトマッシュルーム……6〜8個
玉ねぎ……1/4個
パセリ……生の物を軽く刻んで小さじ1杯分になるくらい
にんにく（好みなのでなくても可）……1/2かけ
バター……20g
白ワイン……80㎖
水……200㎖
塩……4つまみ
白こしょう……4フリフリ
生クリーム……100㎖
小麦粉……大さじ2
オリーブオイル……大さじ1

■バターライス
米……2合
塩……小さじ1/2〜2/3
バター……20g

▶▶ 3分30秒

❾ ⑦をフライパンに戻し、火力7にしてから白ワインを入れて沸騰させる。
▶▶ 50秒

❿ 水を入れて再び沸騰させたら、火力4で5分煮込み、生クリームを入れてさらに5分煮込む。塩を2つまみとバター10gを入れ、ひと煮立ちさせたら「鶏のフリカッセ」は完成。
▶▶ 14分

⓫ バターライスと一緒に皿に盛りつけて、パセリを散らす。
▶▶ 30秒

バターライス

かかる時間 **59分30秒**

米を研ぎ、2合分の水（分量外）と一緒に材料全てを炊飯ジャーに入れて炊く。
▶▶ 59分30秒

余った生クリームの使い方アイデア

生クリームが余るだろうから、他にこんな食べ方で楽しんでみて。

① ミートソースパスタ（P45）でパスタと和える直前に入れると、コクが出てまろやかになる。

② きのこのクリームパスタに使ってもおいしい。

③ ブルーチーズを使った料理に入れると濃厚なチーズソースのように。

④ カレー粉と合わせてソースにすれば、青魚のソテーにも合う。

⑤ 野菜のポタージュに使っても。

⑥ コーヒーに足してもいい。

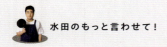 水田のもっと言わせて！

できたてには、かなわない

　できたてにはかなわないと思う。煮物やおにぎりのように冷めてからのおいしさもある料理をのぞいてだが、どんなに品目が多かったり豪華な食材を使ったりしていても、できたてを上回ることは容易ではない。

　芸人として月に1万円も稼げてないような頃、大阪の若手芸人がみんなお世話になっているチェーンの激安スーパーに通っていた。そこでは野菜を使った惣菜も、唐揚げや魚のフライなんかの揚げ物も、ごはんも、弁当に入っててほしい物が全て詰まった弁当が250円で売られていた。そのボリュームと破格の安さにみんな助けられた。でも僕は自炊にこだわった。他の同期たちに比べて料理人を経て芸人になった僕の舌は、圧倒的に肥えていた。金はなくても技術があった。たとえばよく作っていたのは、100g 90円の豚バラ肉、1袋30円のもやし、1個15円の卵を使った、計135円の炒め物とごはん。たまに営業先で運よく出会える1個1500円くらいしそうな弁当もおいしかったが、できたて炊きたての豚もやし卵炒めとほかほかごはんのセットにはかなわなかった。焼き目のついた豚バラ肉の旨味とシャキシャキのもやし、それらをトロッと優しく包み込む卵、ふわっと香るしょうゆのにおい。冷めた弁当を温め直しても、この臨場感は絶対に再現できない。

　遠足で食べる親が作ってくれた弁当や、旅先で買うご当地の駅弁など、弁当がおいしい瞬間は確かにある。でも家で食べるなら、心と体力に余裕があるなら、自分で作るのがいちばんだと思う。経済的で、何が入っているか全て把握できるという安心感があり、「できたて」という圧倒的なおいしさがあるから。

揚げ物

揚げる=油を温めるだけ。そう思うと、ハードルはぐっと下がるだろう。油をケチらず、食材がきちんと沈むくらい鍋に注ぐのもポイントだ。揚げる鍋は、フッ素樹脂加工や薄手の物は避け、鉄製やぶ厚い鋳物の鍋がおすすめ。

コロッケ

かかる時間 41分30秒

10個仕込んで
2人分 4個を
揚げて
盛りつける時間

　最初は少し面倒でも、慣れれば慣れるほど自分で作った方がいいと思えるのが揚げ物だ。商品になっている揚げ物はどうしても衣が分厚くなる。形が崩れちゃいけないとか、ボリュームを出さないといけないとか、見栄えをよくしないといけないとか、いろんな理由がある。確かに「揚げ物を食べてるんだ！」という満足感はある。でも、自分で作る揚げ物なら衣を薄くすることができるので、本当に軽くて胃がもたれない。そして、サクッと揚げたてを食べて、薄い衣のすぐ向こう側から中の具が飛び込んでくるおいしさは、自分で作らないと味わえない。しかも、多めに作ってパン粉をつけた状態で冷凍しておけば、次回はただ油に放り込むだけで手間暇かけた罪悪感の少ないおいしい揚げ物が食べられるのだ。油はオイルポットでキレイに濾しておけば、5〜6回は余裕で使える。絶対にやってほしい！

[材料：10個分]
じゃがいも（男爵がおすすめ）……4個
（400ｇ。スーパーで売っている「中くらいかな」って
くらいのじゃがいもが 90〜110ｇ くらい）
玉ねぎ ……1/2個
合びき肉……70ｇ
バター……20ｇ
砂糖……小さじ 1/2
塩……4 つまみ
白こしょう……3 フリフリ
卵……1/2個
小麦粉……大さじ 1
パン粉（乾燥タイプ）……100ｇ
米油（サラダ油でも可）
……小さじ 2 と揚げるのに必要な量
キャベツ（せん切り）、きゅうり（斜めにスライス）、
トマト（くし切り）、レモン（くし切り）……各適量

[作り方]

❶じゃがいもは洗って芽を取ったら、包丁で真ん中くらいまで切れ目を入れて濡れたまま1個ずつラップで包む。電子レンジで蒸すので水分があった方がいい。じゃがいも4個なら600wで7分温め、場所を入れ替えてひっくり返して5分温める。もちろんじゃがいもを洗う前に手を洗うこと。
▶▶ 14分（洗うところから14分）

時間に余裕があるなら皮つきのまま丸ごとゆでてもいいが、30分はかかる。

❶の間に

❷玉ねぎは皮を剥き、みじん切りにする。
▶▶ 1分30秒（水田45秒）

玉ねぎのみじん切り P14

❸フライパンに油小さじ2をひき、火力5で温めたら肉を入れて炒める。
▶▶ 2分30秒

❹肉に7割くらい火が通ったら玉ねぎを入れ、塩2つまみとバター10gを入れて混ぜながら炒める。玉ねぎが半透明になってしんなりしたら火を止める。
▶▶ 2分30秒

❺じゃがいもはレンチンし終わったら電子レンジから出し、ラップをかけたまま5分くらい置いておく。これで甘味が増す。
▶▶ 5分（この間に、この後のさまざまな工程のために準備できることをする）

❻じゃがいものラップを一度外して、串（フォークでも可）を刺してスッと通ればいい。まだかたいようならラップをしてレンジで60秒ずつ追加してかたさを見る。
▶▶ 60秒

❼レンチンしたじゃがいもを包丁で4つくらいに切って指でつまみ取るように皮を剥き、大きめのボウルに入れる。このやり方だと皮が薄く簡単に剥ける。
▶▶ 2分30秒（水田1分30秒）

❽じゃがいもをマッシャー（木ベラやしゃもじ、フォークでも可）で好みの感じに潰す。
▶▶ 60秒

❾潰したじゃがいもに、塩2つまみ、こしょう、バター10g、砂糖を入れ、フライパンの肉と玉ねぎも入れて、木ベラ（しゃもじでも可）で混ぜる。ここでいったん味見をして、足りなければ塩、白こしょう（分量外）を加えて調整する。これでコロッケのタネは完成。
▶▶ 2分（水田60秒）

❿鍋に深さ最低2〜3cmくらいになるように油を入れて、火力6で170度にして保っておく。この作業は肉と玉ねぎを炒め終わったら始めておけばいい。もちろん食べるタイミングがだいぶ後ならそのときでいい。
▶▶ 4分30秒（火力6で4分前後かかる。ここまでの合間でやっておけば、ほぼ0分にできる）

油の温度は、100円均一などで売っている温度計があると便利。ない場合は、乾いた状態の割り箸や木の菜箸を油に入れて、シュワシュワ気泡が出たら170度の目安。

❿の間に

⓫トレー（平たい皿でも可）に小麦粉を広げておく。
▶▶ 30秒（小麦粉を取り出し、使わない分をしまうまでの時間）

⓬小麦粉をつけたタネをいったん置いておく容器や皿を用意する。
▶▶ 20秒

⓭卵を皿や小さめのボウルに入れ、菜箸などで溶きほぐす。
▶▶ 30秒（卵を割る際に、手についた卵を洗い流す時間も含める）

⓮少し大きめのボウルや深さのある大きいうつわにパン粉を入れておく。
▶▶ 30秒

⓯利き手でタネを持って作業できるように、タネ、小麦粉、卵、パン粉の順に並べる。水田は右手が利き手なので、右からタネ、小麦粉、卵、パン粉と並べる。
▶▶ 30秒

⓰木ベラ（しゃもじでも可）でタネを作りたい個数分に等分しておく。だいたい8〜10等分。こうしておくと、成形するときに大きさをそろえやすい。
▶▶ 30秒

⓱ここから全工程を優しく繊細にやること。コロッケのタネをキレイに小判形に成形して、小麦粉をまんべんなく薄くつける。つきすぎた粉は優しくキレイにはたき落とす。粉をつけたタネをいったん容器に並べておく。
▶▶ 5分（1個につき成形に20秒、粉をつけるのに10秒で計30秒×10個として5分。水田は3分）

⓲右手（利き手）でタネを卵のボウルに入れ、右手だけでタネに卵をつけ、したたらないように優しくタネを回して卵を切り、パン粉の中に入れる。
▶▶ 15秒（水田7秒）

⓳すかさず左手でパン粉を優しくかけ、パン粉越しにコロッケをひっくり返して横からもパン粉を優しくつけたら、油の中に優しく入れる。
▶▶ 15秒（水田10秒）

片手で油に入れるのは慣れてないし危ないと感じたら、パン粉をつけたタネをキレイなトレー（広い皿でも可）に置いていく。そしていったん全部パン粉をつけて、右手も洗ってから、両手でコロッケを揚

118

げ油にそっと入れるといい。手で入れるのが怖いなら、ヘラなど平らな物にのせ、滑らすように油に入れる。
また、パン粉つけまですませたコロッケのタネを冷凍しておき揚げる場合は、揚がるまで4～5分かかるので、浮いてくるまで触らずに待つ。

きゅうり、トマト、レモンを添えてもいい。そのままでもおいしいが、ソースをかけたければウスターソースが合うと思う。
▶▶ 6分（4個を2回に分けて揚げたとして6分）

 一度にたくさん入れると油の温度が下がるので、鍋の中にほどよい余裕がある状態で揚げること。

⑳ 2～3分でパン粉がきつね色になるので、油切りトレー（皿にキッチンペーパーをしいても可）にコロッケを上げる。油が切れれば皿に盛って完成。
揚げている間に好みでせん切りキャベツ、

老いた親を労るくらい優しく……

揚げ物でもう一品

れんこんの唐揚げ

かかる時間 **8**分

　れんこんに粉つけて揚げて、塩と青のり振るだけ。後はビール片手に揚がるのを待つだけだ。こういう簡単な揚げ物を知っておくとハードルが下がるので「次にいつ揚げ物するか分からんから、油を保管しておくのもな……」とならない。オイルポットを買おう。

[材料：2人分]
れんこん……200g
塩……ひとつまみ
青のり……2つまみ
米粉（片栗粉もしくは小麦粉でも可）……大さじ1強
米油（サラダ油でも可）……鍋の深さ2cmになる量

[作り方]
❶鍋に油を入れ、火力6で170度にする。
▶▶5分

❶の間に

❷れんこんは皮を剥き、縦半分に切って8mm〜1cmの厚さで半月切りにする。
▶▶30秒

半月切り　P15

❸ボウルにれんこんと米粉を入れ、混ぜるようにしてまぶす。
▶▶30秒

❹③を鍋などで170度に熱した油に入れ、2分揚げる。
▶▶2分

❹の間に

❺揚げている間にボウルを洗って水気を拭いておく。
▶▶20秒

❻れんこんが揚がったら皿などにしいたキッチンペーパー（油切りトレーがあればなお可）に上げ、油を切ったらボウルに入れる。塩と青のりを振り、全体にまぶして皿に盛れば完成。
▶▶60秒

122

揚げ物でもう一品

さば水煮缶と
ポテトチップスの春巻き

かかる時間 **9分31秒**

巻いたら少し残ったポテチをつまみ食いしながら揚がるのを待つ。揚がったやつからその場で食べる。我が家では揚げ物は台所に立って酒を呑みながら食べることが多い。そうすると次を揚げてる様子を見ながら呑める。実に酒がすすむ。

[材料：春巻き4本分]
さば水煮缶……80g
（さば缶は1缶だいたい150〜200g）
ポテトチップス（うすしお味）……1袋（60g）
春巻の皮……4枚
塩……小さじ1/3
カレー粉……小さじ1/3
トマトケチャップ……大さじ1/2
マヨネーズ……大さじ1
米油（サラダ油でも可）……揚げられる量
ディル（よそいきにしたいなら）……適量

〈糊〉
小麦粉……小さじ1
水……小さじ1

[作り方]
❶鍋に油を入れて火力6で温める。
▶▶ 5分

❶の間に

❷さば缶は汁気を切ってボウルに入れ、菜箸などでよくほぐす。塩、カレー粉を加える。
▶▶ 1分30秒

さば缶の汁は味噌汁やパスタにも使えるので捨てないこと。

❸ポテトチップスの袋を少しだけ開け、袋の上から手で潰して粉々にする。
▶▶ 30秒

❹ポテトチップスを❷のボウルに入れる。ポテトチップスがまだ大きければ手で細かくする。
▶▶ 20秒

❺❹の全体を菜箸でさっくりと混ぜ、ケチャップとマヨネーズを入れてさらに混ぜる。
▶▶ 60秒

ねらないようにさっくりと混ぜること。

❻茶碗や取り皿など小さなうつわに小麦粉、水を混ぜて糊を作る。
▶▶ 30秒

❼春巻きの皮の真ん中に❺の具をのせ、手前から巻く。
▶▶ 30秒（皮同士が張りついているので1枚剥がす時間も含める）

❽中心まで巻いたら、左右を真ん中に折り畳み、さらに巻く。
▶▶ 7秒

❾巻き終わりに、皮に❻の糊をつけて閉じる。
▶▶ 7秒
※❼〜❾の工程を本数分行う

❿油が170度になったら火力4にして、2〜3分揚げる。きつね色になったら皿などにしいたキッチンペーパー（油切りトレーがあればなお可）に上げて油を切る。
▶▶ 2〜3分

⓫食べる用の皿に盛りつけて完成。
▶▶ 15秒

便利な食材と保存のコツ

料理初心者は、まずは作りたい量の食材を買おう。なぜなら、使いきれなかったときに困るからだ。ただ、お店にいつもちょうどいい量が売っているとも限らないので、この本によく登場する、いろいろな料理に使える食材と保存のコツを紹介する。何か一つ買って、アレンジしてみてほしい。

豚肉なら
バラ薄切り肉

炒め物、豚汁やスープなど、いろいろな料理に使えるバラ薄切り肉が、豚肉の中では使いやすい。豚こま切れ肉も、大きな筋がなさそうなほどよく脂の入ったおいしそうな物があれば買うが、基本はバラ派。加熱したときに出る脂がおいしいので、じっくり焼くのがおすすめ。

〈保存方法〉
炒め物に入っていたら嬉しいサイズに切り、ラップをして冷凍する。使いやすいのは2〜3㎝幅。1人あたり10〜15枚で小分けにしておくと便利だ。また、ラップをするときはできるだけ平たくすると、解凍時間が短くてすむ。

小分けにした
ひき肉

関西では「ミンチ肉」とも呼ばれるひき肉。鶏むね、鶏もも、豚、牛といろいろな種類がある。水田がよく買うのは豚か鶏。どんな食材や味つけとも合わせやすいし値段も手頃。小分けに冷凍しておき、野菜スープにちょっと加えることも。

〈保存方法〉
使わない分は、50〜70gずつ、ラップして冷凍しておく。キッチンスケール（はかり）がない場合は、自分の手のひら（指の部分は含まない）にのるぐらいの量を目安に小分けにするといい。厚みは、1㎝くらいで平らにしておこう。

栄養豊富で
使いやすい卵

卵は、ビタミンCと食物繊維以外の栄養素を含むといわれる完全栄養食品！たんぱく質をしっかり摂りたい水田は、スープ、炒め物、だし巻き卵と、1日に2個は食べている。生でも加熱しても食べられるのも便利なところ。

〈保存方法〉
生物なので、買ってきたらすぐに冷蔵庫へしまう。すぐに使いきるなら常温で買って常温で保存してもいいが、冷蔵で買って常温で保存するのがいちばんよくない。結露が出て、その水分から雑菌が繁殖する可能性が高い。

万能野菜の一つ
玉ねぎ

一年中、全国どこでも手に入れやすく、日持ちがして、だいたい何に入れてもおいしい。しかも栄養がある玉ねぎは、常備しておいてまちがいない野菜の一つだ。値段が安定していて、あまり高くないところもいい。

〈保存方法〉
皮のままなら常温で大丈夫。半分だけ使った場合は、ラップをして、冷蔵庫の野菜室に入れておこう。ちなみに、使わない分は皮を剥かないこと。皮を剥くと、玉ねぎ本来の甘味やおいしさが抜けてしまう。

124

生でも加熱してもいい
にんじん

手に入れやすくて日持ちがして、だいたい何に入れてもおいしく、栄養もあるにんじん。生で食べてもいいし、炒めたり煮たりと加熱して、いろんな料理にも使える便利な野菜だ。ちょっとあると彩りがよくなるのもポイント。

〈保存方法〉
買ってきてすぐに使わない場合、茎がちょっとでも残っていたら伸びてくるので、しっかり根本から切っておく。そして、使う分だけ皮を剥くのがポイント。皮を剥くとき、ピーラーが面倒だったら、包丁の背中でこそいでもいい。

そのまま食べられる
釜揚げしらす

水田の地元はしらすの産地だ。ごはんや冷奴にのせるだけでおいしく、料理にも使えて、子どもの頃から大好き。たんぱく質が豊富なところもいい。小分けパックもあるが、たっぷり入っていても2〜3日もあれば使い切れるはず。

〈保存方法〉
パックのまま冷蔵庫に入れておけばいい。もし1週間くらい家にいないことが確定しているなら、小分けにラップで包み、冷凍庫へ。鮮度が落ちやすいので、なるべく早くに食べ切るのがおいしく楽しむコツだ。

風味や彩りに
青ねぎの小口切り

汁物でも炒め物でも、小口切りにした青ねぎをパラッと入れるだけでテンションが上がる。水田は買ってきたら全部切り、タッパーに入れて冷蔵庫に常備している。小口切りにするときは、束ねてから2〜4mm幅で切ろう。

〈保存方法〉
小口切りにしたら3分ほど水にさらす。水気をよく切り、クッキングペーパーをしいたタッパーに入れて冷蔵庫へ。水田は内側がザルのようになっている、『marna（マーナ）』の冷凍ごはん用タッパーを愛用している。

栄養と彩りに
小松菜

1袋100〜150円と安く、どこのスーパーにも売っていて、緑の野菜が摂れる。スープでも炒め物でもおいしく、生でもエグみがない小松菜は、使い勝手のよい野菜。芸人として駆け出しだった頃から重宝している。

〈保存方法〉
葉の表面から水分がどんどん抜けて、2〜3日で萎びてしまう。買ったらできるだけ早めに使い切ろう。冷蔵庫に入れておく場合は、根本を濡らしたキッチンペーパーで包み、ビニール袋に入れておくといい。

おわりに

　この本に耐えたあなた、この本に忠実に何品かでも作ったあなた、本当に
おつかれさま。どうぞ打ち上げを。あなたの中の、料理に必要な技術、予備
知識、段取り力、衛生観念、誰かに何かを教えるときに「こんなふうに言っ
たら嫌われるんだろうな」と判断する力は、確実に上がったと思う。慣れてく
れば、ここからさらに手間をかけることもできるし、逆に自分が手を抜いても
いいと思えるポイントも見つけられる。

　僕は稀に見る食いしん坊なので、おいしくなると分かってする作業は苦にな
らない。それどころか、サイズをそろえて切れたとき、段取りがハマっていく
感じ、味見をして「おいしい！」って思う瞬間、作ってる間に何度も達成感を
味わえる。頑張っても思い通りにならないことが多い人生において、自宅で
の料理は正しく手をかければ確実においしくなる。誰にも邪魔されることなく
やりたいことをやれる、気持ちのいい営みだ。家族や友人や自分自身に、僕
は今後も料理を振る舞うだろう。一生懸命に技術を込めて。

水田信二 みずた・しんじ 1980年4月15日生まれ、愛媛県出身。NSC大阪校26期生。2006年に和牛を結成。2014年NHK上方漫才コンテスト優勝、2018年上方漫才大賞奨励賞など受賞歴多数。『M-1グランプリ』では2015年から2019年まで5年連続で決勝進出。2024年3月にコンビを解散した。調理師免許を取得しており、大阪の和食店・神戸の洋食店で計7年間修行した経験をもつ元料理人でもある。その特技を生かして『水田信二の注文の多い料理教室』(BSよしもと)、『ラヴィット!』(TBS)の企画「おいしんじ万才!」、『ミズタのレシピ!』(RNB南海放送)などバラエティ番組で手料理を披露している。

Instagram：@mizuta.shinji　　X：@mizutashinji

水田の小言を熟読するほど 一生ものの自炊力が身につく いちいちうるさい定番レシピ

2025年3月27日　初版発行
2025年7月12日　3刷発行

著　者　水田信二

発 行 人　藤原 寛
編 集 人　新井 治

編 集　ニイミユカ
調理補助　程塚裕子
ヘアメイク　伊藤有香
撮 影　有賀 傑
装 丁　斉藤いづみ [rhyme inc.]　肥田香織
営 業　島津友彦
協 力　高橋真由美　王七音　横山忍
企 画　井澤元清

発行：ヨシモトブックス
〒160-0022　東京都新宿区新宿5-18-21
Tel：03-3209-8291

発売：株式会社ワニブックス
〒150-8482　東京都渋谷区恵比寿4-4-9　えびす大黒ビル
Tel：03-5449-2711

印刷・製本：株式会社 光邦

本書の無断複製（コピー）、転載は著作権法上の例外を除き禁じられています。
落丁本・乱丁本は（株）ワニブックス営業部宛にお送りください。送料は小社負担にてお取替え致します。

© 水田信二／吉本興業　Printed in Japan
ISBN 978-4-8470-7502-5　C0077　¥1600E